Parker 12/-

Der Hund des Generals

Photo: Bundesbildstelle

HEINAR KIPPHARDT

Heinar Kipphardt

DER HUND DES GENERALS

edited by
W. E. ANDERSON M.A.

Head of the Department of Arts and Languages
The Manchester Polytechnic

GEORGE G. HARRAP & CO. LTD
London · Toronto · Wellington · Sydney

First published in Great Britain 1969
by GEORGE G. HARRAP & CO. LTD
182 High Holborn, London W.C.1

© SUHRKAMP VERLAG, Frankfurt am Main 1963

This edition with English introduction, notes and vocabulary
© GEORGE G. HARRAP & CO. LTD 1969

SBN 245 59597 X

Composed in Monotype Univers and printed by
William Clowes and Sons, Limited, London and Beccles
Made in Great Britain

Contents

Introduction 7

Bibliography 19

DER HUND DES GENERALS 23

Notes 89

Vocabulary 103

Introduction

Heinar Kipphardt was born on 8th March, 1922, at Heidersdorf in Upper Silesia, a territory taken over by Poland at the end of the Second World War. His father, a dentist, was sent in 1933 by the National Socialist administration to the concentration camp of Buchenwald, from which he was not released until 1938. Heinar Kipphardt had thus no reason to love the Nazis. He himself studied medicine, philosophy and dramaturgy, but was unable to complete his studies until after the war when he qualified as a doctor of medicine at Düsseldorf. During his war service he took part in the retreat of the German armies on the Eastern Front. After pursuing his profession as a doctor for a short time he was appointed dramaturgical adviser to the Deutsches Theater in Berlin, where he stayed until 1959. In 1960 he settled in Munich.

His early plays were a satire, *Shakespeare dringend gesucht*, first produced at the Deutsches Theater in Berlin in 1953, a farce, *Der Aufstieg des Alois Piontek*, performed for the first time at the same theatre in 1956, and a further satire, *Die Stühle des Herrn Szmil*, performed originally at the civic theatre (Städtische Bühnen) at Wuppertal in 1960 and since published in a volume *Junges deutsches Theater von heute* by Langen-Müller (Munich).

Die Stühle des Herrn Szmil is set in a communist state—Kipphardt could well have the Deutsche Demokratische Republik in mind. It is an amusing portrayal of the misadventures of a registrar, Szmil, who has hopes of inheritance from an aged aunt. Though she has never looked favourably on him, his hopes appear to have been realised when he receives a letter, written ostensibly by the old lady on her deathbed, informing him that she has bequeathed to him the family jewellery hidden in the upholstery of one of twelve period chairs in her music room. The acquisitive Szmil loses no time in visiting the State convalescent home, formerly the house of his deceased aunt, where the twelve chairs are supposed to be. As one might expect in a satirical farce of this nature, the chairs have been sold to various purchasers, and Szmil is aided in his search for them by one Kasch, the villain of the piece, into whose clutches he falls. When the chairs are all finally traced the jewels are not to be found. We discover why when the news finally breaks that the whole thing is a 'cruel hoax' on the part of the aunt, who is not dead at all and has been playing a trick on Szmil to punish him for his covetousness.

The play has, however, a deeper significance. Kipphardt is ridiculing the totalitarian system which makes a mockery of human conscience and human dignity. Kasch is a glib and clever rascal who knows how to play on people's fear of authority and people's greed, the two human weaknesses which make the totalitarian state possible. The most delectable piece of irony occurs when Kasch succeeds in enrolling a number of citizens in an imaginary conspiracy against the State by threatening to denounce them for past misdemeanours. His real purpose, of course, is to enlist them in the search for the chair containing the jewellery. So subservient are they, however, that they are ready to believe anything put to them in a sufficiently brash and forcible form. In this amusing satire Kipphardt is expressing with a light touch his opposition to the subjugation of the individual to authority. In his later dramatic works this opposition finds more serious and indeed passionate expression.

In 1957 he wrote a short story under the title *Der Hund des Generals*, on which our play of the same title is based. The story was published in 1964 along with another war story in a Rowohlt 'rororo' paperback edition bearing the title of the additional story *Die Ganovenfresse*. The play *Der Hund des Generals* was written in 1960 and was published in 1962. A further play, *In der Sache J. Robert Oppenheimer*, appeared first as a television play in 1964 and was adapted for performance in the epic theatre and published in the same year. In 1964 Kipphardt was awarded the Gerhart Hauptmann prize, the television prize of the Deutsche Akademie der Darstellenden Künste and the critics' prize at the international television festival in Prague. One year later his play *Joel Brand. Die Geschichte eines Geschäfts* was published. Its television presentation on 14th January, 1965, earned him the Adolf Grimme prize in gold, an award of the German Volkshochschulverband. A comedy, *Die Nacht, in der der Chef geschlachtet wurde*, was first performed at the Württemberg State Theatre, Stuttgart, in 1967.

As a dramatist Kipphardt is concerned to present what he himself has called "die wirklich bewegenden Kräfte der großen Welt"[1]—the forces which really motivate the world without. The psychological theatre of the Aristotelean tradition, which tries to explain the course of the world as the outcome of the psychic reactions of those few individuals who appear on the stage as representatives of society as a whole, does not, he believes, go far enough. The picture of the world presented by these few dramatic figures is not only inadequate, but distorted, "a mere drop in the ocean". However great the art of the dramatic narrator may be, stories told in the theatre in this way are untrue because of their restricted nature. The same basic psychic situations are portrayed over and over again, with the result

[1] In the foreword to the theatre programme at the first performance of the play *Der Hund des Generals* at the Munich Kammerspiele. The title of the foreword was "Soll die Vergangenheit nicht endlich ruhen?"

that the theatre becomes an "oasis of unreality". Kipphardt declares: "Die Kunst des Theaters muß sich in den Stand versetzen, die Tatsachen unserer Welt in die Geschichten aufzunehmen, die sie erzählt, und die Genüsse, die das Theater bereitet, dürfen dadurch nicht kleiner werden."[1] This double objective he hopes to achieve through the dramaturgical techniques of the contemporary epic theatre.

Kipphardt is at one with the dramatists of the epic theatre as a whole in his endeavour to present on the stage not the psychological situations which arise from people's relationships with other people, but a picture of the world which is not bounded by considerations of time and space. The epic dramatist is actuated by an awareness of the universe which the American playwright Thornton Wilder has called "the planetary mind". "It is now, during the second quarter of the twentieth century," declared Wilder, "that we are aware of the appearance of a literature which assumes that the world is an indivisible unit. Its subject has become planetary life."[2]

Kipphardt declares that reality is too complicated to be forced into the confines of a mere 'Seelendrama'. In *Der Hund des Generals* he is not concerned with the processes which take place in the mind of the individual, Rampf, who is being interrogated by a tribunal. The whole proceedings are intended to bring to light events which in reality took place on a vast scale. What happened on one small sector of the Eastern Front at Demidowo is used as an example of the guilt of the Nazis and those who aided and abetted them. We must not regard what took place as an isolated instance of one man's guilt, and we are not meant to ponder the individual psychology which prompted it.

In common with other epic dramatists Kipphardt subordinates the action to contemplation, but it is contemplation of a problem affecting society as a whole. We are not asked to reflect on the weakness or wickedness of human beings (as represented by one man) as an interesting psychological problem. The dramatist has a much more specific purpose: his aim is to free the German national conscience from the unpurged crimes which still lie heavy upon it. In the works of such dramatists as Brecht and Thornton Wilder the audience is impelled to reflect upon the events portrayed on the stage by a 'narrator' who stands above the action and comments upon it. (Much in the same way as the poet, the stage manager and the characters themselves become involved in discussion with the audience in the Märchendramen of Ludwig Tieck, though this was a technique adopted by the latter in fulfilment of the Romantic theory of dramatic irony springing from Fichte's conception of the superiority of the ego over its own creation.) In Wilder's play *Our Town* the stage manager takes on the function of commentator. In his

[1] Ibid.
[2] From a lecture 'World Literature and the Modern Mind' published in *Harper's Bazaar* (1st March, 1950) under the title 'The Planetary Mind'.

Three-minute Plays the stage directions replace the commentator of the longer plays and are just as important as the dialogue. In Brecht's plays the commentary is often provided by the characters themselves, as, for example, in *Der gute Mensch von Sezuan*.

Kipphardt quite clearly follows in the footsteps of these illustrious fore-runners. In *Der Hund des Generals* reflection upon the events portrayed is inherent in the very nature of the presentation. The commentary on past events, which are duly enacted on the stage or even re-created by tape recordings, always in such a way that they appear representative of the vast theatre of war to which they belong, is carried on by the members of the tribunal and the 'defendant' Rampf himself. Together the latter fulfil the function of the 'narrator' who plays such an important role in the epic theatre. This portrayal of past events as something inseparable from our life in the present is a technique which Brecht called 'Historisieren' and of which both he and Thornton Wilder made great use.

Epic theatre technique has much in common with cinema technique, which knows no limitations of space or time. Kipphardt makes considerable use of projectors for the presentation of photographs and documents, of platforms, steps, lighting and sound effects. He is at pains in his stage direc-tions to reveal to the audience all the technical paraphernalia of which he disposes. The actors change their costume, as occasion demands, in full view of the audience. As Kipphardt puts it: "Die Arbeit des Schauspielers, die der übrigen Theaterarbeiter und die exakt arbeitende Theatermaschinerie wird in ihrer sachlichen Schönheit gezeigt." He rejects any form of illusion, believing, as he does, that the problem presented is the audience's problem and indeed that of society as a whole. His purpose is to portray reality, and he is convinced that this can best be achieved by letting the audience see the methods he employs. They must not leave the theatre feeling that it was all very clever, but more imaginative than real, much as one feels after being baffled by a skilful conjuror. The moral and social implications of his plays are so vital a matter that Kipphardt sets out to involve the audience in them. If his message is to strike home he cannot afford to hide from his audience like some puppet manipulator. If they are to share his views they must also share in the technical means by which they are presented. He is saying in effect: This is what I believe, this is what I want you to believe; let us look at the problem together, for it is *our* problem.

Kipphardt's Weltanschauung

Heinar Kipphardt is a passionate opponent of dictatorship and of in-justice, whatever form it may take. He is motivated entirely by liberal principles. He is just as ready to condemn narrow-minded fanaticism when it appears in our Western democracy, as when it is manifest in the cruel excesses of Fascist dictatorship and of inhuman Prussian military discipline.

His play *In der Sache J. Robert Oppenheimer* is fundamentally an attack upon the hysterical anti-communist feeling inspired in the U.S.A. by Senator McCarthy in the 1950s, a political extremism which led to what was described as a "communist witch-hunt". The foremost victim of this persecution was J. Robert Oppenheimer, the atomic physicist who had been the guiding genius in the production of the atomic bomb and who was subsequently the leader of a team of scientists engaged on research aimed at the production of a hydrogen bomb. Doubts as to Oppenheimer's political reliability had been raised because it was felt that the research was progressing too slowly. The investigation began in Washington on 12th April, 1954, and lasted for three weeks. The outcome was that Oppenheimer was declared to be a security risk and was banned from further participation in the research project.

Kipphardt's play, originally written for television but later adapted for the theatre, is a dramatised representation of the proceedings before a tribunal set up by the American Atomic Energy Commission to investigate Oppenheimer's political loyalty. It is a faithful and fascinating reproduction of the arguments and counter-arguments, the honesty and the malice, the prejudice, hysteria and idealism which characterised the trial. By introducing before and after each scene a "speaker" who supplies the link between the scenes and prepares the audience for what is to follow, the dramatist overcomes the technical problem of the length of time covered by the events in real life and makes his audience feel that they have witnessed the whole proceedings—a device commonly employed, as we have seen, in the epic theatre.

The play raises problems of universal significance. It is, in the first instance, an attack upon injustice. Oppenheimer, a former communist sympathiser who had become a convert to more liberal principles, was being interrogated on charges of which he had already been acquitted years earlier. As Professor Evans, the dissenting member of the tribunal, expressed it in a minority report, it is disturbing "that a changing political climate should produce a changed verdict on the same facts". Certain elements of the methods adopted by the prosecution were, to say the least, unsavoury. Witnesses whose testimony was put forward were, at the instigation of the F.B.I., unavailable for examination and cross-examination. Alibis produced by Oppenheimer were interpreted as evidence of a guilty conscience.

There is, however, much more at stake even than justice. The proceedings and the findings of the tribunal are a threat to the sanctity of the noblest aspects of human relationships—love, friendship, loyalty. We come to the crux of the matter when Gray, Chairman of the tribunal, accuses Oppenheimer of divided loyalty—loyalty to the government and loyalty to humanity. Morgan, another member of the tribunal, insinuates that Oppenheimer is attempting to impose restrictions on the national sovereignty of the United

States by questioning the government's right to use the results of scientific investigations for destructive purposes. The implication that the right of the State to exert its power as it chooses is greater than the rights of humanity causes Oppenheimer to retort: "Wenn die Mathematiker ausrechnen müssen, ob ein bestimmter Test nicht vielleicht die Atmosphäre in Brand setzt, werden die nationalen Souveränitäten ein bißchen lächerlich."

The decision of the tribunal represents furthermore a threat to the freedom of thought and thus to democracy itself. Rabi, a colleague of Oppenheimer's, expresses in his testimony the deep concern of the whole community of scientists that a man should have been brought before a tribunal because he had "decided views and expressed them in a decided manner".—"Wenn ein Mann deswegen verurteilt wird", he concluded, "so begeben wir uns des Anspruches, ein freies Land fernerhin genannt zu werden, und jeder von uns kann morgen an der Stelle von Dr. Oppenheimer sein."

Kipphardt's misgivings are not limited to the threat posed by this historic trial to American democracy. The problems raised are of the deepest concern to all of us, to whatever country we may belong. Injustice, the threat to individual freedom of thought and expression, the subjugation of human loyalty and of consideration for humanity as a whole to the demands of the State—all these are possible only because of the hysterical fear and suspicion arising from conflicting ideologies and insistence upon national supremacy. We are left with the feeling that mankind in this atomic era is rushing headlong towards catastrophe, aware of the danger, but unwilling or unable to halt its perilous course. "Our freedom", says Robb, one of the prosecuting attorneys, "has its price", and on that price "there can be no rebate!" How impossible that price may become is made clear by Marks, defending counsel, in his summing-up, when he quotes from a newspaper article written by Dr. Oppenheimer:

"Wir haben in anderen Ländern Beispiele, wie politische Orthodoxie es fertigbrachte, Wissenschaftler zu ruinieren und deren Arbeit zu beendigen. Das führte zu einer Zerstörung der Wissenschaft. Das wäre ein Teil der Zerstörung der Meinungsfreiheit und der politischen Freiheit. Für ein Volk, das frei bleiben will, ist das kein möglicher Weg."

How apt is the commentary of one eminent German newspaper that Kipphardt's play "is a parable".

This same clear-sighted determination to expose the problems which beset our world is in evidence when Kipphardt turns to the inhumanities perpetrated by his own people in the National Socialist era of 1933–45. His plays *Der Hund des Generals* and *Joel Brand. Die Geschichte eines Geschäfts* are both intended to prick the German national conscience with regard to the immediate past and the still unexpiated crimes committed in the German people's name. *Joel Brand* has, however, much wider implications. Not only the Germans, but the Allies (whose sworn aim was to put

INTRODUCTION

an end to cruelty and injustice) and even Jewish communities in the free world are revealed as cynical and unfeeling.

Joel Brand

The most hideous of all the crimes with which the Nazi regime besmirched the name 'German' was the murder in the gas chambers of the concentration camps of no less than 6,000,000 Jews, the race Hitler had sworn to exterminate. The details of the story told by Kipphardt came to light during the trial of Adolf Eichmann, who had been kidnapped from South America by Israeli agents and taken to Israel to answer for his crimes. Kipphardt's material is based on a number of documents and commentaries [1] and not least upon tape recordings of the Eichmann trial now in the keeping of the Institut für Zeitgeschichte in Munich.

Eichmann was the Nazi official entrusted by Hitler with the 'solution of the Jewish problem' in Hungary. Hundreds of thousands of Hungarian Jews were deported on Eichmann's orders from occupied Hungary to the infamous concentration camp of Auschwitz in Poland. The Hungarian Jewish organisation Waada was approached by Eichmann with the offer to exchange the lives of one million Jews for lorries, at the rate of one lorry per hundred Jews. Joel Brand was entrusted by the Waada with the task of going to Istanbul and contacting the Western Allies through the Jewish organisations Sochnuth in Istanbul and Joint in Switzerland. The Nazis were convinced that the British and Americans would respond to the appeal of what they cynically called 'das Weltjudentum' and supply the lorries or such other important war material as would be useful to Germany. What they failed to reckon with was the comparative apathy of the Jews in the free world, the reluctance of the Allies to conclude any sort of bargain with the Nazi criminals and the particular difficulties facing the British government in fulfilling its mandatory obligations in Palestine.

The sad truth emerged that no country was prepared to accept large numbers of refugee Jews into its territory. Thus Joel Brand's mission was foredoomed to failure. The inhumanity of the world as a whole is crystallised in Lord Moyne's [2] frank question to Brand: "Aber ich bitte Sie, Herr Brand, was mache ich in unserer Lage mit einer Million Juden? Wo soll ich sie hinbringen? Wer wird die Leute nehmen? Wissen Sie, was in unseren arabischen Mandatsgebieten losbricht, wenn wir nur den zehnten Teil hereinbringen würden?" We are appalled when Brand is constrained to reply: "Wenn der Planet keinen Platz für uns hat, dann bleibt unseren Leuten nichts anderes übrig, als ins Gas zu gehen."

[1] Among Kipphardt's sources are: Alex Weissberg, *Die Geschichte von Joel Brand*, 1956; Hannah Arendt, *Eichmann in Jerusalem*, Munich 1964; L. C. Green, 'The Eichmann Case', *Modern Law Review*, Vol. XXIII, London 1960, and *The Schellenberg Memoirs*, London 1956.

[2] Lord Moyne was British Minister of State for the Middle East.

What further evidence is needed that it is indeed a 'planetary' problem in the Thornton Wilder sense with which Kipphardt is dealing? The inhumanity is not restricted to any one race of people. The warring nations, the Jews' ancient enemy, the Arabs, and even the Jews themselves are tainted with guilt. On the one side we have the cruel cynicism never expressed more clearly than in the dialogue conducted by Eichmann and one of his henchmen, Klages, in the presence of Brand with the object of putting pressure on him to accept his tragic mission:

EICHMANN: Als gründliche Leute — haben wir — den Vertrag der Engländer mit den Arabern studiert. Wissen Sie, was er besagt?

BRAND: Nicht im einzelnen, Herr Obersturmbannführer.

EICHMANN: Herr von Klages?

KLAGES: Daß jährlich höchstens fünfzehntausend Juden nach Palästina einwandern dürfen. Insgesamt. Von diesen fünfzehntausend *jährlich* sind die illegal eingewanderten Juden jeweils abzuziehen.

EICHMANN: Und wieviel können wir — *täglich* nach Auschwitz schicken, Herr von Klages?

KLAGES: Vierundzwanzigtausend, wenn wir acht Transportzüge annehmen.

EICHMANN: Und ab wann — hätten wir diese acht Transportzüge täglich?

KLAGES: Sie sind uns vom 4. Mai an zugesichert. Reichsbahndirektion. In neun Tagen.

(Eichmann studiert die Wirkung auf Brand.)

On the other side we have the stark objectivity arising from political pressures and international agreements which causes Lord Moyne to shrug off the whole 'distasteful' business with the remark: "Es war keine gute Idee, mich mit ihm [Brand] zusammenzubringen. Ein Don Quichote. Tragisch." Between the two, one million human beings are cruelly sacrificed.

Once more it is obvious that Kipphardt is not solely an opponent of any one extreme ideology. He goes to the very root of the problems the whole human race must face. The clash of ideologies and — paradoxically — even the struggle for freedom have resulted in a complete disregard for human suffering. The evils of dictatorship are something we have come to take for granted, but we are shaken out of our complacency when it is brought home to us that blind pursuit of an ideal, as carried on by the Western Democracies, can also lead to cynicism and unfeeling objectivity. Thus we feel ashamed when we remember that Lord Moyne, shrugging off his pricks of conscience in the way described above, is speaking for the British nation.

Die Ganovenfresse, a Novelle, reveals how war brings out the worst characteristics in human beings. Even fundamentally good people like

Oberleutnant Wille are more concerned to save their own skins when things go wrong than to see that justice is done. The participants in the horrific happenings on the Eastern Front whirl helplessly in the maelstrom of events, powerless to determine their own fate. Thus Lance-Corporal Rudat, seeking to desert, stumbles accidentally upon a Partisan stronghold and is to be promoted and decorated for his unwitting share in its liquidation. So overcome is he by the madness of it all that at the decoration ceremony he shoots his company commander, Wille, and two fellow-soldiers with whom he has carried on a feud. He is removed to a psychiatric unit for examination pending court-martial proceedings.

Der Hund des Generals

The short story on which the play is based is a straightforward account of the events which took place at Demidowo on the Russian Front, the shooting by an unwary soldier of the General's dog and the General's subsequent sacrifice of sixty of his men from motives of revenge. When one compares this simple narrative with the drama that Kipphardt developed from it, the full significance of the potentiality of the epic theatre clearly emerges. What was in the narrative an isolated incident, the universal implications of which are at most left to the imagination, is raised in the play to the level of a problem which Germany in particular and the world in general cannot escape. The epic theatre alone can introduce the element of reflection upon the basic material which accords the theme the magnitude of an absorbing moral issue and at the same time present it against the background of the gigantic happenings of which it is part. The interrogation of General Rampf by the war crimes tribunal underlines the universal significance of the events of the story and above all reveals the weakness of a legal system which enables war criminals to shelter behind the letter of the law.

Historical Background

In June 1941 Hitler, in cynical disregard of the non-aggression pact he had concluded with the Soviet Union, ordered his armies to invade Russia. It appeared during the first months of the campaign that the Nazis would achieve a speedy victory. The Russians were quite unprepared and hopelessly disorganised, and the German troops made enormous advances on all sectors of the front. They were within a few miles of Moscow, when stiffening Russian resistance in the shape of huge reinforcements from Siberia together with the onset of winter brought a halt to the campaign. The breathing space gained by the Russians was put to such good use that the tide slowly turned and the German armies were gradually flung back. By 1944, the year in which the events of our play take place, the German military position was catastrophic. Had the more enlightened German generals had their way, the situation might well have been retrieved by strategic retreats and by shortening of the front and lines of communication. Unfortunately for the German soldiers and fortunately for the free world Hitler insisted that no territory once occupied should be surrendered. This "corporal strategy", as Hitler's critics termed it, played into the Russians' hands. By a series of pincer movements their armies cut off and encircled whole German armies. The fate of the latter was typified by the major catastrophe of Stalingrad, where an army of 300,000 men was literally decimated by Russian military action, starvation, disease and the rigours of the Russian winter. When the Commander-in-Chief, General Paulus, finally surrendered in defiance of Hitler's orders, only 30,000 men, most of them physical wrecks, stumbled off into captivity. It is against the background of this desperate military situation that the events of *Der Hund des Generals* take place.

The play reveals very clearly that Kipphardt is one of those Germans, unfortunately in the minority, who still feel that Germany has not come fully to terms with the past. He feels, as do many people, more particularly outside Germany, that full expiation of the crimes committed in the National Socialist era has not been made. Many Germans, on the other hand, argue that the past should be forgotten, that they cannot live in permanent awareness of their guilt. This attitude is to some extent understandable. The younger generation one can completely absolve, of course. The majority of the older generation refuse to be held responsible for the crimes of the minority. They reject the notion of collective guilt, of collective responsibility for crimes perpetrated in the name of the German people as a whole. Most people outside Germany, on the other hand, accuse the Germans of acquiescence in these crimes by their support of the Hitler regime. Germans reject this accusation on the grounds that they had no option but to obey and would have paid for resistance with their lives, as did the Germans in the concentration camps and many thousands of dissenters for their association, actual or suspected, with the plot against Hitler's life of 20th July, 1944.

In his foreword to the programme at the first performance of the play at the Munich Kammerspiele, Kipphardt raises the whole problem of the poet's or playwright's duty to uncover this malaise of the unexpiated past.

"Soll es den Schriftstellern erlaubt bleiben, ihr Fleisch aus unserer schlimmen Vergangenheit zu schneiden? Die Frage scheint zulässig und vernünftig, solange die nationalstaatlichen Vorstellungen des 19. Jahrhunderts als vernünftig galten."

What does Kipphardt mean by "19th-century conceptions of the national State?" In a speech on 20th July, 1963, commemorating the heroes of the bomb plot of 20th July, 1944, Generalleutnant Johann-Adolf Graf von Kielmansegg, examining the question of the soldier's right to ignore his oath of fealty when his conscience demands it, also referred to the 19th-century conception of the State in Germany. The right to resist, he declared, disappeared even as a matter of theory when in the first half of the 19th century the rule of absolute law became established. [1] The only law, he went on to say, was then the law proclaimed by the State; the natural law, *i.e.* the right of the individual in exceptional circumstances to decide for himself what was right or wrong, had been abolished. "So kam es, daß, als Deutschland nach 1933 . . . ein Unrechtsstaat wurde, dieser Vorgang und seine Gefährlichkeit nur von wenigen und nur allmählich erkannt wurde. Das Volk aber und auch die Breite seiner Intelligenzschichten standen dieser Entwicklung mehr oder weniger blind und hilflos gegenüber, auch der Jurist, auch der Theologe und erst recht der Soldat." The General went on to state that there now existed not only the right to resist but also criteria for the employment of that right. All men of healthy outlook must reject the notion that the State can never be wrong and must accord to the individual the right to act in accordance with his conscience when the State is obviously in the wrong.

The speech concluded with two quotations which emphasise the universal nature of the problem which Kipphardt raises. Professor Hans Rothfels of Tübingen once stated, when contemplating the dilemma in which the citizens of the Third Reich found themselves: "Es sind damals in der Grenzsituation Möglichkeiten und Umwertungen vorgelebt und vorgestorben worden, die potentiell zum Wesen der Zeit gehören, in der wir existieren. Es sind das die Möglichkeiten und Umwertungen im Sinne einer internationalen Frontbildung des Menschlichen gegen das Unmenschliche.' The second quotation was from a speech by Theodor Heuss, first president of the German Federal Republic: "Das Vermächtnis ist noch in Wirksamkeit, die Verpflichtung noch nicht eingelöst."

This then is the essence of Kipphardt's case. Only when the Germans have fulfilled their obligations and come to terms with their past can they play their part in the formation of "an international front of humanity against inhumanity". And so Kipphardt continues in the foreword to the programme of the play:

"Die Vergangenheit wird erst ruhen, wenn sie wirklich Vergangenheit geworden ist. Und die Schriftsteller werden die schlimme Vergangenheit erst dann nicht mehr behandeln, wenn sie behandelt ist. Zur Stunde ist sie das nicht. Weder theoretisch, noch praktisch. Wir werten unsere Vergangenheit wie eine unerklärliche Krankheit, die auf unerklärliche Weise ausgebrochen ist und uns Angst macht. Aber ihre Ursachen sind untersuchbar, die Erkrankung ist abwendbar, die Wiederholung vermeidbar, hier und an anderen Plätzen der Erde."

The danger, as Kipphardt sees it, is that the genuinely active criminals

[1] In *Gedanken zum 20. Juli* (Franz Thedieck and Johann-Adolf Graf von Kielmansegg), Bulletin No. 128 of the Press and Information Office of the Federal Republic, 23rd July, 1963.

have all too often escaped by sheltering behind the convenient arguments advanced by the passively guilty majority and accepted by the law. Thus General Rampf, whose responsibility for the death of sixty of his soldiers at Demidowo is being investigated, is able to plead "Befehlsnotstand" — in other words, that he was acting under orders and had no option but to obey, a plea made by many of the high-ranking Nazi officers tried by the Allies at Nuremberg. Professor Schweigeis, Kipphardt's mouthpiece in the play, refuses to accept the argument of the lawyers that "acting under orders" is a justification for crimes. We see clearly how convenient from the lawyers' point of view this argument is, when the Public Prosecutor says: "Wenn der erwiesene Befehlsnotstand eine Anklage nicht aufhebt, dann haben wir in diesem Land morgen tausend Prozesse." Schweigeis hits the nail on the head when he retorts that if all those cases had been brought before a court ten or fifteen years ago the problem would no longer exist: "Dann fühlten wir uns besser. Und die anderen auch."

The perspicacious Schweigeis is not content to investigate Rampf's vengeful sacrifice of sixty soldiers. He is equally determined to expose Rampf's dastardly betrayal to the Gestapo of brother officers for their part in the conspiracy of 20th July, 1944. The lawyers, of course, obstruct at every turn the evidence he produces, since the matter concerned is not the purpose of the investigation. What is more disturbing, however, is the Public Prosecutor's suave statement that any subject of the State may with impunity denounce anyone for treason in accordance with the law existing at the time of the so-called treason, irrespective of all moral considerations. The letter of the law must be upheld. "Rechtsnorm ist Rechtsnorm", says the Director of Prosecutions. Those who feel as Kipphardt does remember that there is also a moral law transcending all the convenient arguments of the lawyers. The law may be the law, but let us not forget, as Schweigeis puts it, that "Murder is murder."

Bibliography

Works by Heinar Kipphardt:

Shakespeare dringend gesucht, a satire. First performed 1953.

Der Aufstieg des Alois Piontek, a farce. First performed 1956.

Die Stühle des Herrn Szmil, a satire. First performed 1960; published in the collection *Junges deutsches Theater von heute* (Langen-Müller, Munich).

Der Hund des Generals, a play. First performed 1962; published 1963 (Suhrkamp).

Bartleby, nach Melville, a television play. First performed 1963.

In der Sache J. Robert Oppenheimer, a play. First performed 1964; published 1964 (Suhrkamp).

Die Ganovenfresse, Erzählungen. Published 1964 (rororo Taschenbücher, Rowohlt Verlag, Hamburg).

Joel Brand. Die Geschichte eines Geschäfts, a play. First performed 1965; published 1965 (Suhrkamp).

Die Nacht, in der der Chef geschlachtet wurde, a comedy. First performed 1967.

The following books, an infinitesimally small fraction of all the material available, are suggested as background reading for information on the rise and fall of the Hitler regime and the campaign during the Second World War on the Russian Front:

Golo Mann: *Deutsche Geschichte, 1919–1945* (Fischer Bücherei).

W. Shirer: *The Rise and Fall of the Third Reich* (Pan Books).

Hans Adolf Jacobsen and Hans Dollinger: *Der zweite Weltkrieg in Bildern und Dokumenten* (Verlag Kurt Desch Munich).

Paul Carell: *Hitler's War on Russia* and *Scorched Earth* (Harrap).

Heinz Schröter: *Stalingrad* (Non Stop-Bücherei, Berlin).

Heinz G. Konsalik: *Die Rollbahn* (Aktueller Buchverlag, Bad Wörishofen).

Jürgen Thorwald: *Es begann an der Weichsel* and *Das Ende an der Elbe* (Steingruben-Verlag, Stuttgart).

Theodor Plievier: *Moskau, Stalingrad, Berlin. Der große Krieg im Osten* (Verlag Kurt Desch, Munich).

Fabian von Schlabrendorff: *Offiziere gegen Hitler* (Fischer Bücherei).

Der Hund des Generals

PERSONEN

HILL, Oberstaatsanwalt

DR. FILLISCH, Erster Staatsanwalt

PROFESSOR SCHWEIGEIS, Historiker

RAMPF, General a. D., ehemals Divisionskommandeur

ANWALT

SCHLIEVLAND, ehemals Divisionspfarrer

VORDERWÜHLBECKE, ehemals Erster Adjutant

PFEIFFER
CZYMEK
SCHINDLER } Soldaten einer Aufklärungs-
PARTISANENFRANZ
WAFFENUNTEROFFIZIER } abteilung
PASCHKE

BABUSCHKA

FABER, Leutnant

FAHLZOGEN, Oberst

SOLDATEN, OFFIZIERE, EIN MÄDCHEN, INSPIZIENT, PROTOKOLLANT

Die Bühne ist offen und leer. Arbeitslicht.

Aus Podesten, Treppen und Schrägen sind mehrere Spielflächen hergestellt.

Vorn rechts — vom Zuschauer aus gesehen — ist ein Platz für die Untersuchungskommission freigelassen.

Die linke Spielfläche ist niedriger gelegen als die große, mittlere Spielfläche. Die rechte Spielfläche ist am kleinsten. Sie liegt erhöht hinter dem Platz der Untersuchungskommission. Sie kann benutzt werden, die eine oder andere Aussage aus der Vorermittlung zu rekonstruieren. Jede der drei Spielflächen wird später von einer aufrollbaren Leinwand nach hinten begrenzt sein. Darauf werden die jeweiligen Schauplätze und die in der Verhandlung verwendeten Fotos und Dokumente projiziert. Die Requisiten für die einzelnen Szenen werden von den Bühnenhelfern sichtbar hereingebracht und sichtbar weggeschafft.

Es wird nicht verheimlicht, daß die Beleuchtung, auf Illusionen nicht bedacht, von einer Apparatur hergestellt wird.

Die Schauspieler werden gelegentlich auf der Bühne für die Szenen hergerichtet. Wenn sie als Zeugen einen vergangenen Vorgang darzustellen haben, begnügen sie sich in Kostüm und Maske mit notwendigen charakteristischen Details. Die Arbeit des Schauspielers, die der übrigen Theaterarbeiter und die exakt arbeitende Theatermaschinerie wird in ihrer sachlichen Schönheit gezeigt.

Die Bühnenhelfer können hellblauen Arbeitsdress und halbe Gesichtsmasken aus gleichem Stoff tragen. Ihre Arbeit soll Tempo, Präzision und Grazie haben. Der Inspizient hat sein Arbeitspult, seine Gongs, seine Tonanlage links vorn. Wenn er an seinen Arbeitsplatz tritt und den großen Gong schlägt, wird die Bühne hell und setzt sich der Theatermechanismus in Bewegung. Die Stangen mit den Projektionsflächen kommen aus dem Schnürboden, Leinwände rollen herunter, Bühnenhelfer bringen einen schmalen Verhandlungstisch, drei Stühle und ein Protokollantenpult auf den freigelassenen Platz rechts vorn.

Der Oberstaatsanwalt geht mit den beiden Kommissionsmitgliedern über die Bühne an den Verhandlungstisch, von dem Protokollanten gefolgt. Er legt seine Papiere dort ab und geht an die Rampe.

OBERSTAATSANWALT: Mein Name ist Hill, mein Rang Oberstaatsanwalt. Ich leite eine der Untersuchungskommissionen, die von der Justizministerkonferenz der Länder * eingesetzt wurden, bislang ungeahndete Verbrechen deutscher Staatsbürger aufzuklären, die im Kriege begangen wurden. Die Kommission ist keine zentrale Staatsanwaltschaft. Sie erhebt keine Anklagen, und ihre Ermittlungen dürfen in etwa folgenden Prozessen * nicht verwendet werden. Sie gibt Empfehlungen, ob in diesem Fall — und folglich in anderen ähnlichen Fällen — Anklage durch die Staatsanwaltschaft erhoben werden soll, in deren Bereich die Hauptschuldigen gegenwärtig leben. Die Empfehlung hat das öffentliche Interesse zu bedenken. Der Empfehlung muß nicht entsprochen werden. * Es ist eine undankbare Arbeit. Ich glaube, das genügt. *Er geht an seinen Platz.* Ich möchte Ihnen die anderen Mitglieder der Kommission vorstellen: Die Vorermittlungen wurden von Dr. Fillisch, Erster Staatsanwalt, angestellt. Professor Schweigeis ist Historiker. Sein Fach ist die neuere Geschichte. *Sie setzen sich.* Der Beschuldigte ist Herr Rampf. *Rampf, ein schlanker, straffer Mann, Mitte sechzig, kommt in Begleitung seines Anwalts die mittlere Spielfläche herunter vor den Verhandlungstisch.* General außer Diensten, Kommandeur der 327. Infanteriedivision zum Zeitpunkt der ungeklärten Vorfälle. Sein Begleiter ist sein Anwalt. Der Fall ist durchschnittlich. * *Ein Bühnenhelfer bringt Stühle. Der General bleibt neben seinem Stuhl stehen.* Wie ist Ihr vollständiger Name ?

RAMPF: Wilhelm Albrecht Rampf.

OBERSTAATSANWALT: Wollen Sie vor der Kommission aussagen ? Sie sind nicht dazu verpflichtet.

RAMPF: Ich glaube, es ist das beste.

OBERSTAATSANWALT: In diesem Fall muß ich darauf hinweisen, daß Sie der Kommission nach Ihrer besten Erinnerung die Wahrheit sagen müssen. Was ist Ihre Tätigkeit ?

RAMPF: Heute ?

OBERSTAATSANWALT: Ja.

RAMPF: Schriftsteller.

OBERSTAATSANWALT: Was haben Sie veröffentlicht ?

RAMPF: Meine Memoiren und militärwissenschaftliche Aufsätze. Ich arbeite an einer Geschichte des deutschen Generalstabs, der in den Nürnberger Prozessen * als eine verbrecherische Organisation klassifiziert wurde.

SCHWEIGEIS: Sie widerlegen diese Ansicht ?

RAMPF: Ja.

ANWALT: Ist das eine Frage für das Protokoll, Herr Vorsitzender ?

OBERSTAATSANWALT: Wir wollen auf sie verzichten.

Der Protokollant streicht sie.

SCHWEIGEIS: Sie war in keiner unfairen Absicht gestellt.

OBERSTAATSANWALT: Wenn Sie einverstanden sind, möchte ich so verfahren, daß uns Herr Fillisch den Fall nach seinen Vorermittlungen zusammenhängend darstellt.

ANWALT: Was für Vorermittlungen, bitte?

STAATSANWALT: Ich habe die Materialien und Dokumente eingesehen, Zeugen gehört, ihre Aussagen auf Tonband genommen oder protokollieren lassen, und ich bin vorbereitet, das daraus gewonnene Bild vorzutragen.

OBERSTAATSANWALT: Wir alle werden dazu fragen, ergänzen, korrigieren, wie es uns bequem und vernünftig scheint. Ohne Formfragen. Ist das ein brauchbarer Vorschlag?

ANWALT: Ich glaube, Herr Rampf würde es vorziehen, die ihn betreffenden Dinge selbst darzulegen.

STAATSANWALT: Das wollte ich anregen.* Es bringt ein vollständigeres Bild.

OBERSTAATSANWALT: Einverstanden.

ANWALT: Mein Mandant möchte zu Beginn eine Erklärung abgeben.

OBERSTAATSANWALT: Bitte.

RAMPF: Ich möchte feststellen, daß die gegen mich erhobenen Beschuldigungen ehrenrührig sind. — Ich habe diesem Staat zweiunddreißig Jahre meines Lebens als Offizier gedient, davon zwölf Jahre als Generalstabsoffizier, und ich bedaure, daß ich ernsthaft zu der Beschuldigung gehört werde,* den Tod von sechzig Soldaten meiner Division verursacht zu haben, weil ich diese aus persönlichen Motiven in eine sinnlose Operation befohlen hätte! Das ist eine ehrenrührige und kränkende und, wie sich zeigen wird, absurde Beschuldigung!

OBERSTAATSANWALT: Es ist keine Beschuldigung der Kommission, Herr Rampf, sondern die eines Soldaten Ihrer Division. Der Grundsatz der Gleichheit vor dem Gesetz —

RAMPF: Ich habe den deutlichen Eindruck, daß die deutschen Generale vor dem Gesetz derzeitig gleicher als alle übrigen * sind! *Er nimmt ein Medikament ein.*

OBERSTAATSANWALT: Ich glaube, wir sollten nicht so fortfahren.

RAMPF: Ich bitte um Entschuldigung.

ANWALT: Herr Rampf befindet sich in ärztlicher Behandlung, seit er den Brief der Kommission erhielt. Ich nehme die Beratung meines Mandanten als eine persönliche Ehrenpflicht und ohne Honorar wahr.

SCHWEIGEIS: Was war Ihre Tätigkeit im Kriege?

ANWALT: Kriegsgerichtsrat in der Division des Generals.

OBERSTAATSANWALT: Wir wollen anfangen.

Der Staatsanwalt steht auf.

STAATSANWALT: Ich möchte mit einigen Bilddokumenten beginnen, die ein Bild von der allgemeinen Kriegslage im Oktober 1943 geben. Sie wurden aus deutschen, russischen und englischen Kriegsberichten zusammengestellt. Bitte.

Der Inspizient gibt dem Filmvorführer ein Zeichen.

Nach dem Wochenschausignal erscheinen auf der mittleren Projektionsfläche die folgenden Filmdokumente.

Rückzug der deutschen Armeen durch die Ukraine. Eine Panzerkolonne, die durch ein brennendes Dorf fährt. Ein Soldat, auf einem Sturmgeschütz sitzend, ißt eine Rindfleischkonserve und lacht in die Kamera. Pioniere, die mit Flammenwerfern ein Sonnenblumenfeld in Brand setzen. Ein Zug blökenden Viehs. Ein Kraftwerk. Ein Soldat, der mit einem Schaltkasten eine Sprengung auslöst. Das Kraftwerk fliegt in die Luft. Der Soldat wischt sich den Schweiß von der Stirn.

Sprecher:
Im Zuge planmäßiger, erfolgreicher Frontverkürzungen im Mittelabschnitt der Ostfront lassen sich unsere tapferen Soldaten auch von den größten Strapazen nicht entmutigen. Es schmeckt.* Kein Haus, kein Pfund Mehl und kein Stück Vieh, das den nachrückenden feindlichen Horden in die Hände fällt.

Wird die Ladung reichen?*
Geschafft!*

Der Titel einer englischen Wochenschau.

Musiksignal
Verschiedene Sprecher in englischer Sprache. Deutsche Übersetzung unter dem zurückgenommenen englischen Text:*
Das ist der Einzug der alliierten Truppen in die italienische Stadt Salerno, sechzig Kilometer südlich Neapel.

Englische und amerikanische Soldaten auf Panzern und Jeeps fahren die Hauptstraße einer italienischen Stadt entlang. Dichtgedrängte Menschenmassen schwenken Fähnchen und werfen Blumen. Soldaten werden aus den Jeeps gerissen und umarmt. Ein schönes italienisches Mädchen küßt einen englischen Soldaten. Der Soldat lacht in die Kamera. Jubelnde Menschen. Sie rufen:

Er findet das nicht übel.

,Es lebe England! Es lebe Amerika!'

Große Bomberverbände bei
Taglicht. Große Bomberverbände
bei Nachtlicht.

Die Royal Air Force und die 8. US
Air Fleet flogen am 22. einen
Rekordeinsatz mit insgesamt 3546
viermotorigen Bombern über
Hitler-Deutschland.

Die Nachtaufnahme einer bren-
nenden Stadt, aus der Luft gefilmt.
Straßenzüge. Industrieanlagen.
Brennende Hallen.

Das ist Essen, Rüstungsmetropole
der Nazis, nach einem 1000-
Bomber-Angriff. Hier liegen die
Panzer und Ausrüstungen, die
Hitlers Armeen auf ihren eiligen
Rückzügen in Rußland vermissen
werden.

Der Titel einer sowjetischen
Wochenschau.

Musiksignal
Sprecher in russischer Sprache.
Deutsche Übersetzung unter dem
zurückgenommenen russischen
Text:

Lagebesprechung im sowjetischen
Oberkommando. Stalin, von hohen
sowjetischen Generalstabs-
offizieren flankiert, schiebt einen
Plan beiseite und tippt energisch
auf verschiedene Stellen einer
Karte.

Der weisen Strategie unseres
Generalissimus Stalin folgend, sind
die Truppen der ruhmreichen roten
Armee an der gesamten West- und
Südwestfront zum Generalangriff
angetreten.

Großaufnahme der Karte. Sie zeigt
die russische West- und Südwest-
front von Wjasma bis zum
Schwarzen Meer. Breite Pfeile
dringen gegen den Dnjepr und das
Schwarze Meer vor. Von Orel
gegen Smolensk und Gomel. Von
Kursk über Konotop nach Kiew.
Vom Donez und vom Fluß Mius
gegen Krementschug, Kriwoj-Rog
und die Dnjepr-Mündung.

Die geschlagenen Armeen der
deutschen Okkupanten wurden
überall aus ihren Stellungen
geworfen und befinden sich
gegenwärtig auf einer panikartigen
Flucht von der nördlichen Ukraine
bis zum Kuban. Der faschistischen
Bestie ist damit das Genick
gebrochen.

Eine russische Panzerkolonne auf
dem Vormarsch. Deutsche
Soldaten, im Zustand der
Erschöpfung, ergeben sich mit
erhobenen Händen.

Durchbruch zum unteren Dnjepr.

Große Mengen deutschen Kriegs-

‚Hitler kaputt!'

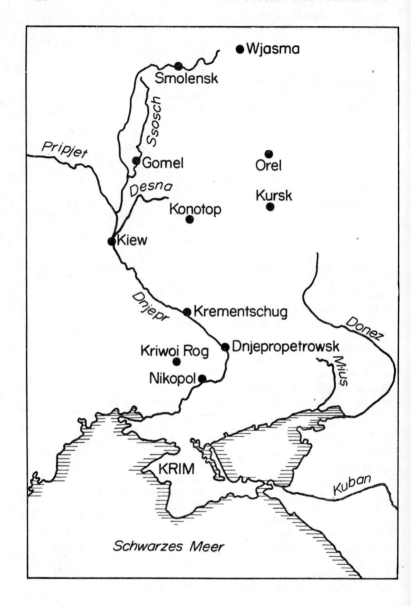

geräts an Straßenrändern auf-
geschichtet.
Daran entlang ziehen Kolonnen
deutscher Soldaten in die
Gefangenschaft.
Ein deutscher Unteroffizier, den
Kopf in beide Hände vergraben,
das Haar wirr, sitzt teilnahmslos
und verstört auf der Lafette eines
zerstörten Geschützes.
Neben ihm liegt ein toter deutscher
Soldat mit gespreizten Beinen auf
dem Bauch. Das Bild bleibt einen
Augenblick stehen.
Russische Truppen ziehen in
Smolensk ein.
Alte Frauen kochen Töpfe mit
Brei in den Erdhöhlen neben ihren
zerstörten Häusern. Eine alte Frau
lächelt in die Kamera.
Die rauchenden Trümmer eines
Dorfes. Kinder stochern darin
herum. Ein gesprengter Getreidesilo.
Nördlich Kiew setzen russische
Truppen mit Panzern und schweren
Waffen über den Dnjepr.
Eine Karte zeigt die fünf russischen
Brückenköpfe bzw. Durchbrüche
bei Nevel, von der Pripjet-
Mündung bis Gomel, bei Kiew,
zwischen Dnepropetrowsk und
Krementschug, und ferner bei
Nikopol den Durchstoß zum
Schwarzen Meer.

Der Titel der deutschen
Wochenschau.
Stimmungsvolles Bild des breiten
Dnjepr. Auf der Burg in Kiew
weht die deutsche Kriegsflagge.
Russische Zivilisten schachten die
Sohle eines breiten Panzergrabens
aus.

Schwere Panzer vom Typ

Wagnermusik *

Das Ende.
Er wurde in dieser Stellung von
unseren Truppen auf dem
Schlachtfeld von Orel angetroffen
und fotografiert. Er ist geistesgestört.

Befreiung von Smolensk, das
Hitler zu einem festen Platz
erklärte.

Wieder zu Hause.

Brennend, plündernd und mordend
versuchen die Hitleristen die
Dnjepr-Ssosch-Linie zu erreichen,
um dort in ausgebauten Auffang-
stellungen unsere Offensive zum
Stehen zu bringen. Übergang
unserer Truppen über den Dnjepr
nördlich Kiew.
Gegenwärtig ist die Dnjepr-
Ssosh-Linie bereits an fünf
Punkten durchbrochen.

Musiksignal
Sprecher:
In kühnen Operationen ist es den
deutschen Heeresgruppen
gelungen, die deutschen Armeen
vom Feind zu lösen und auf die
kräftesparende Front der Dnjepr-
Ssosch-Linie zurückzuführen.

Hier ist von langer Hand ein

,Panther', ,Tiger' und ,Ferdinand' in ausgebauten, gut getarnten Stellungen. Gutausgerüstete Infanterieverbände rücken mit zuversichtlichen Gesichtern in feste Stellungen ein, die in kurzen Abständen von Betonbunkern mit eingebauten Geschützen gesichert sind.

Eine Kette von Heinkel- Schlachtfliegern braust über die Stellung der anderen Flußseite zu. Die Infanteristen winken.

tiefgestaffeltes Verteidigungs- system errichtet, an dem sich die rote Flut verbluten wird. Panzerverbände mit den neuen, überlegenen Typen ,Tiger' und ,Ferdinand' stehen neben schweren Waffen und frischen Infanterieverbänden bereit, die Festung Europa * entschlossen zu verteidigen.

Die ausgewählten Filmdokumente sollen eine Gesamtzeit von vier Minuten nicht überschreiten.

STAATSANWALT: Danke schön. — Wie war die damalige Lage wirklich?

RAMPF: Schlimmer. Was wir in jenen Wochen erlebten, das war der endgültige Zusammenbruch des deutschen Ostheeres als eine direkte Folge der Hitlerschen Korporalstrategie.*

SCHWEIGEIS: Was verstehen Sie unter Korporalstrategie?

RAMPF: Das gleiche, was die Propagandisten von Hitlers Kriegskunst seine ,friderizianische Strategie' * nannten: das Denken in festen Fronten, festen Plätzen, Geländegewinn und seine Neigung zu symbolischen Effekten auf dem Kriegstheater.

SCHWEIGEIS: Haben Sie ein Beispiel?

RAMPF: Nehmen Sie unseren Fall, nehmen Sie seinen verblödeten Plan der deutschen Sommeroffensive aus dem Kursker Bogen. Nur weil er nach Stalingrad, Nordafrika,* einen lauten Theatereffekt für seine Ver- bündeten braucht, setzt er sechshunderttausend Mann an, einen be- langlosen Frontbogen zu begradigen.* Obwohl ihn die gesamte Heeres- führung warnt, obwohl die Luftaufklärung gerade dort ein tiefgegliedertes Verteidigungssystem erbracht hat.

SCHWEIGEIS: Andererseits wurden die Pläne zum Unternehmen Citadelle von Zeitzler, dem damaligen Generalstabschef, ausgearbeitet und von Keitel,* dem Chef des Oberkommandos, unterstützt, glaube ich.

RAMPF: Es gibt nichts, was Keitel nicht unterstützt hätte! Zeitzler wollte die Kursker Offensive im April, nicht im Juli! — Als der deutsche Angriff nach zehn Tagen ausgeblutet liegenbleibt und die russische Gegen- offensive den Kehricht von zwei Heeresgruppen über den Dnjepr fegt, waren wir nicht einmal mehr zahlenmäßig in der Lage, die bloß auf dem Papier existierende Winterlinie zu besetzen.

Mit dem Rest meiner Division am russischen Dnjepr-Brückenkopf nördlich Kiew eingesetzt, verfügte ich für jeden Kilometer Frontlinie über achtzig Mann, und die gingen aus den Löchern, wenn auch nur drei Iwans mit dem Löffel klapperten. * — Gegen Citadelle opponierten alle Heeresgruppenführer in teilweise dramatischen Auseinandersetzungen.

SCHWEIGEIS: Das lese ich in vielen Memorien. Die Protokolle der Lagebesprechungen bei Hitler verzeichnen eine eher feine Dramatik. *

RAMPF: Weil diese Protokolle von Hitlers Speichelleckern * redigiert und gefälscht wurden! Sein Genie ertrug ja nur Speichellecker. Deshalb bekam ich ein Truppenkommando, als Halder 1942 ausscheiden mußte! *

SCHWEIGEIS: Ich habe manchmal den Eindruck, daß Hitler ein guter Dolch ist für eine neue Dolchstoßlegende. * Als Universalschuldiger eignet er sich als ein universales Weißwaschmittel. Ist das ganz falsch?

RAMPF: Er eignet sich auch, die Nation im Zustand eines national würdelosen Masochismus zu halten, * Herr Professor Schweigeis!

OBERSTAATSANWALT: Wir wollen auf unseren Fall kommen, Herr Fillisch.

STAATSANWALT: Ich habe den Unterlagen entnommen, Herr Rampf, daß Sie am 18. Oktober 1943 Ihren fünfzigsten Geburtstag hatten.

RAMPF: Einen der traurigsten meines Lebens, ja.

STAATSANWALT: Es wurde berichtet, daß Sie an diesem Tag drei Panzerwagen zu Ihrem Divisionsstab zurückbeorderten.

RAMPF: Ich beorderte alle schweren Waffen zurück.

STAATSANWALT: Es wurde berichtet, daß Sie am gleichen Tag einen Musikzug an die Front schickten.

RAMPF: Ich schickte alle greifbaren infantristischen Reserven nach vorn.

STAATSANWALT: Wie Sie wissen, geht es um das Schicksal der Soldaten dieser drei Panzerwagen und des Musikzuges.

RAMPF: Das habe ich gelesen.

STAATSANWALT: Erinnern Sie sich der Umstände zu dieser Anordnung? Können Sie uns die schildern?

RAMPF: Ich schildere Ihnen am besten diesen ganzen Tag. Ich habe mein Gedächtnis mittels meiner persönlichen Tagebücher und der täglichen Divisionsberichte aufgefrischt. Immerhin, es sind siebzehn Jahre vergangen.

Er geht auf die mittlere Spielfläche, die beleuchtet wird. Bühnenhelfer tragen einen Tisch und vier Stühle herein, die Kaffeetafel im Divisionsgefechtsstand zu markieren. Eine Ordonnanz deckt den Tisch, Rampf bleibt im unteren Teil der

Spielfläche stehen, das Gesicht zum Publikum gekehrt.

Es war ein grauer, regnerischer Herbsttag. Ich verbrachte ihn im Divisionsgefechtsstand in Pliskoje, antriebslos und niedergeschlagen.

STAATSANWALT: Wie weit war es von Pliskoje zur Front?

RAMPF: Zwanzig Kilometer. Die Division, als eine der Nachhutdivisionen der zweiten Armee in schwere Abwehrkämpfe verwickelt, war am 15. Oktobe rüber den Dnjepr gegangen und hatte noch in der gleichen Nacht am russischen Brückenkopf Stellung bezogen. Die Truppe war seit Juli nicht aus den Kleidern gekommen. Befehlsverweigerung, Selbstverstümmelung, Feigheit vor dem Feind, es gab drei oder vier Standrechtsfälle * wegen dieser oder anderer krisenhafter Symptome in einem ganz kurzen Zeitraum. Soldatisches Pflichtgefühl schien einfach aufgebraucht wie ein Fleisch oder wie eine Tabakration. Ich fuhr tagelang herum, um irgendwelche Reserven an den Brückenkopf zu kriegen, in dem die Russen schwere Angriffswaffen massierten. Ich bekam nicht einen Mann und einen Haufen dummer Ratschläge.

Ich verbat mir unter diesen Umständen jedwede Feierlichkeiten,* aß allein zu Mittag und nahm auch den Kaffee im allerengsten Kreise. Weder das Führerhauptquartier, noch das OKH,* noch der Generalstab nahmen von meinem Geburtstag Notiz. Es wurde eine melancholische Kaffeetafel, und ich inhibierte jeden Gratulationsversuch.

Er setzt sich an die Stirnseite des Tisches. Von rechts treten seine beiden Adjutanten, von links der Divisionspfarrer auf. Sie setzen sich ebenfalls an den Tisch.

Rechts saß mein Erster Adjutant, ein Hauptmann Vorderwühlbecke, ehemaliger Mittelschullehrer, links der Divisionspfarrer in einer selbstgewählten Distanz, da er an einem chronischen Nasenleiden laborierte, das mit einem gewissen Foeter verbunden war. Dazu der Zweite Adjutant, ein junger, wenig veranlagter Berufsoffizier.* Kein glorreicher Rahmen. Wir sahen in den grauen Regenhimmel und schwiegen.

Als die Ordonnanz den Cognac servierte und ein Toast von mir erwartet wurde, stand ich auf und sagte —

Rampf steht auf:

Der Krieg, meine Herren, ist in sein finales Stadium getreten. Es geht nicht mehr darum, ihn zu gewinnen, es geht jetzt um mehr, es geht um die Ehre.

Er trinkt, die Herren stehen auf und trinken ebenfalls.

RAMPF: Ich erinnere mich des Wortlauts, weil der Hund, von meinem jüngsten Sohn auf das Wort, ‚Ehre' dressiert,* zur allgemeinen Verblüffung die Ordonnanz anfiel.

Meine Worte wirkten wie ein Tiefschlag. Niemand sagte ein Wort, bis ich draußen Musik höre.

Es ist von draußen ein Marsch zu hören.

Was ist das?

ZWEITER ADJUTANT: Der Musikzug, Herr General. Er spielt den Marsch Ihres Traditionsregiments. Eine Geburtstagsüberraschung.

GENERAL RAMPF: Mumpitz!* Lassen Sie die Leute Waffen fassen und in den bedrohten Abschnitt des nördlichen Brückenkopfes werfen! Ferner die Magenkompanie,* die Mannschaften des Hauptverpflegungsamtes, der Entlausungsanstalt, der Feldbäckerei und alle Kriegsberichterstatter. Traditionsmärsche! Es gibt wichtigere Dinge, die jetzt zu tun sind.
Der Zweite Adjutant geht hinaus, die Marschmusik bricht ab.
Rampf zum Staatanwalt:
Das war Ihr Musikzug.

DIVISIONSPFARRER
nach einigem Schweigen: Der Regen reißt das Laub von den Bäumen. — Der Herbst ist die Zeit der Besinnung, er läßt uns an den Tod denken. — Glauben Sie, daß die Dnjeprlinie zu halten ist?

GENERAL RAMPF: Wenn Hitler Panzer gebaut hätte, wie ich ihm geraten habe, statt Unterseeboote, dann ja. Der Mann ist kein Militär.

ERSTER ADJUTANT: Und er versteht nichts von Antibolschewismus. Wir hätten die Russen geistig gewinnen müssen.* Ich habe vor Jahren eine entsprechende Eingabe gemacht, aber man hat sie nicht beachtet. Wozu gibt es Fachleute, wenn ihre Eingaben nicht beachtet werden?

DIVISIONSPFARRER: Wie übrigens ist Ihre äußerst treffende Bemerkung zu interpretieren, daß es nunmehr um die Ehre gehe, Herr General?

GENERAL RAMPF: Teufel, ich habe vergessen, durchzugeben, daß alle Panzerwaffen als Divisionsreserve hier bei uns zu konzentrieren sind! Die Russen stoßen mit ihren Panzerkeilen glatt bis Schitomir durch.
Rampf ist aufgestanden und kommt schnellen Schritts die mittlere Spielfläche herunter vor den Verhandlungstisch. Das Licht über der mittleren Spielfläche und die Projektion des Fotos werden weggenommen. Die Bühnenhelfer räumen Tisch und Stühle weg.

RAMPF
zum Staatsanwalt: Das waren Ihre Panzerwagen.
Eine beiläufige Wendung von mir, das Gespräch zu beenden.

STAATSANWALT: Warum?

RAMPF: Ich wollte meine Gedanken in der Sache nicht interpretieren.

STAATSANWALT: In welcher Sache?

RAMPF: Was zu tun sei, einen ehrenvollen Frieden zu erreichen. Ich fühlte die drückende Verantwortung und gleichzeitig eine furchtbare Einsamkeit.

STAATSANWALT: Und Sie beorderten die verbliebenen schweren Waffen zum Divisionsstab.

RAMPF: Es war die einzige Möglichkeit, kleine Einbrüche abzuriegeln.

SCHWEIGEIS: Sie nannten auch ausdrücklich die drei Panzerwagen der Aufklärungskompanie, die in Demidowo lag?

RAMPF: Ja. Wenn ich zu schwach bin, eine Front aufzubauen, muß ich bewegliche Reserven konzentrieren. Das lernt ein Fahnenjunker in der ersten Taktikstunde.
Eine halbe Stunde später wurde ich durch Fernschreiben zum Armeeoberkommando befohlen. Ich fuhr sofort los.

STAATSANWALT: Wußten Sie warum?

RAMPF: Ich dachte, es könne sich um meine Rekommandierung zu strategischen Aufgaben * handeln. In Wahrheit fand eine Lagebesprechung statt.

STAATSANWALT: Vielen Dank, Herr Rampf. Ich möchte jetzt eine Schilderung des Soldaten Harry Pfeiffer wiedergeben. Er gehörte zu der Besatzung eines der drei Panzerwagen in Demidowo. Er ist heute siebenunddreißig Jahre alt, unbescholten, Inhaber einer Leihbuchhandlung.
Es werden zwei Fotos projiziert. Das eine zeigt Harry Pfeiffer heute, einen vergrämten Intellektuellen in zerbeultem Anzug. Seine Haltung ist schlecht, eine starke Brille gibt dem häßlichen Gesicht mit den großen Ohren etwas Eulenhaftes. Das andere zeigt den jungen Soldaten Pfeiffer, aufgeschossen, linkisch, neben dem untersetzten Obergefreiten Czymek in phantastischem Aufzug. Czymek, in Damenpelzjacke unter dem Koppel, lacht breit und listig.

STAATSANWALT: Das Foto links zeigt den Zeugen in einer kürzlich gemachten Aufnahme, das andere als jungen Soldaten mit einem Kameraden namens Czymek. Vielleicht, daß Sie sich einer der beiden Physiognomien erinnern.

RAMPF: Das ist ein bißchen viel verlangt, wie! *

STAATSANWALT: Das ist richtig. Ich fragte den Zeugen, ob er sich des Ortes Demidowo erinnere. Er sagte: ‚O ja'. Ich fragte, ob er bestimmte Kampfhandlungen im Gedächtnis habe. Er sagte: ‚O ja. Genau'. Ich fragte, wie sich das nach so langer Zeit erkläre, und er sagte nach dem Tonbandprotokoll —
Auf der mittleren Spielfläche ist Pfeiffer erschienen.

PFEIFFER: Aus einer Art von Schuldgefühl. Ich war an einem Einsatz schuld, * von dem ich allein übrig geblieben bin. Ich habe viel darüber grübeln müssen, und jeder ist schon weggelaufen, wenn ich von Demidowo angefangen habe. Das war aber später.

STAATSANWALT: Können Sie sich an den Tag erinnern, als Ihre Einheit von Demidowo zur Division verlegt wurde?

PFEIFFER: Jawohl. Es war am 18. Oktober. Wir waren noch zweiundzwanzig Mann von der Kompanie. Wir konnten die Infanterie überschießen, zweihundert Meter weiter vorn, wenigstens solange die Landser in

Stellung blieben, was selten der Fall war, wenn der Russe nachts mit Stoßtrupps kam. Wir sind zweimal nachts aus Demidowo raus und morgens wieder rein. Es war eine ruhige Stellung tagsüber, weil ein Sumpfgürtel zwischen uns und dem Brückenkopf lag, ziemlich drei Kilometer, aber in der Nacht hörte man die Panzer und die motorisierte Artillerie, die sie in den Brückenkopf reinbrachten, und wir dachten: wie kommen wir hier weg?

STAATSANWALT: Wer ist ‚wir'?

PFEIFFER: Der Obergefreite Czymek und ich in diesem Fall. Wir hatten den Posten von vier bis sechs nachmittags, es genügte ein Doppelposten tagsüber, und wir saßen auf dem Rand einer Kartoffelluke, wie sie an russischen Häusern sind, eine Art Keller. Es hatte zu regnen aufgehört, und Czymek schnitt Machorka * in seine Gasmaskenbüchse.

Die linke Spielfläche wird beleuchtet. Projektion eines eingegrabenen Panzerwagens. Man sieht den Obergefreiten Czymek, eine Mischung zwischen einem Igel und dem dänischen Stummfilmkomiker Patachon, auf dem Rand der Kartoffelluke sitzen und Machorka schneiden. Sein massiger Körper ist in eine russische Damenpelzjacke gezwängt, von einem Offizierskoppel umgürtet. Kleine, blaue Schweinsaugen in einem stacheligen, roten Bart.

Ich hatte mir die Jacke und das Hemd ausgezogen, obwohl es schon kalt war, und rieb mich mit dem Krätzemittel Mitigal ein, das gut gegen Läuse sein sollte, wohl seines Gestankes wegen. Ich war ganz wundgekratzt von Läusen.

Pfeiffer hat sich Jacke und Hemd ausgezogen. Er gibt die Sachen einem Bühnenhelfer und tauscht seine Brille mit einer Soldatenbrille.

Ich war eine etwas unglückliche Figur als Soldat, schon äußerlich natürlich und schon von der Kaserne her, obwohl ich mir Mühe gab. Ich traf es nicht.* Ob ein Bett zu bauen war, ein Maschinengewehr auseinanderzunehmen, ein Palisadenzaun zu überklettern oder ein Gesundheitsappell. Meine Stube kriegte wegen mir den Ausgang gesperrt, aus Erziehungsgründen. Sie beschmierten mir das Gesäß mit Stiefelwichse, und sie verprügelten mich. Es heißt, ja, daß es Vorgesetzten nicht gestattet ist, Soldaten zu prügeln, weil es dazu die Kameradschaft gibt.* Später wurde ich krank.

STAATSANWALT: Als eine hysterische Reaktion darauf?

PFEIFFER: Ich glaube. Ich begann nachts das Bett zu nässen und mußte mich während der Nachtruhe alle zwei Stunden beim Unteroffizier vom Dienst melden. ‚Bettnässer Pfeiffer meldet sich ab zur Latrine. Bisher keine besonderen Vorkommnisse!', bis ich einen wohl ebenfalls hysterischen Krampfanfall * bekam und als Simulant vorzeitig zur Feldtruppe abgestellt wurde. Der Unteroffizier sagte: ‚In vierzehn Tagen Rußland hast du dich vor Angst totgeschissen!' Und ich sagte: ‚Jawohl.' Das war zwe Jahre früher, zwei Jahre Rußland und drei Rückzüge.

STAATSANWALT: Und hatten Sie sich als Soldat geändert?

PFEIFFER: Ja. Ich hatte zwei erfrorene Zehen, einen Oberschenkeldurch-
schuß, einen Gefrierfleischorden und ein eisernes Kreuz zweiter Klasse.
Wie alle, die durchgekommen waren. Wie es ging. Wir waren alle kaputt
und hin eben, außer vielleicht noch Czymek, der irgendwie unverwüstlich
war. Aber wir dachten alle dasselbe.

Pfeiffer geht auf die linke Spielfläche und setzt sich auf den Rand der Kartoffelluke,
Czymek gegenüber. Er reibt sich den Oberkörper mit Mitigal ein.

STAATSANWALT: Was?

PFEIFFER

zu Czymek: Wenn der Iwan aus seinem Brückenkopf raushaut,* sind wir
Lungenhaschee* mit den drei Spritzen* und hundert Kadavern.*
‚Gefallen bei Demidowo.' Ich habe das Gefühl, daß sie uns hier ver-
heizen,* Czymek.

CZYMEK

mit oberschlesischem Akzent: Ein Gefühl ist mehr für Zivil geeignet. Das habe
ich dir vor zwei Jahren gesagt, als ich dir die beiden Vorderzähne aus-
geschlagen habe aus beginnender Freundschaft. Du wolltest aus der
Luke* heraushopsen bei MG-Beschuß* im Angriff, aus Heroismus oder
versagender Nervenkraft. ‚Die Sache ist hier so', habe ich dir gesagt
danach, ‚ein feiger Mensch fällt am ersten Tag fürs Vaterland. Warum? Er
geht als erster aus seinem Loch, wenn seine Stellung angegriffen wird. —
Ein tapferer Mensch fällt am zweiten Tag fürs Vaterland. Warum? Er geht
als erster aus seinem Loch, wenn wir eine Stellung angreifen. — Alle
beide sind sich insofern ähnlich, als sie sich von Gefühlen hinreißen lassen.
Ein Soldat mit einem Gefühl aber ist ein toter Soldat, wie ein Soldat mit
einem Gedanken notwendigerweise zu einem verrückten Soldaten wird.'
Ich habe einen Menschen gekannt, der sich einen Bindfaden unter dem
Brustmuskel durchgezogen hat mit einer Stopfnadel, was eine schöne
Phlegmone ergibt. Hast du noch Zigaretten?

Pfeiffer schüttelt den Kopf.

Dann hör mit der Mitigalstinkerei auf, ich schneide Machorka!

Czymek dreht sich ein Tütchen aus Zeitungspapier, schüttet Machorka hinein und raucht.

PFEIFFER

zum Staatsanwalt: Er war ein ausgesprochener Genußmensch* in allen
Sachen. Ich war Nichtraucher, und es war die Abmachung, daß er meine
Tabakration bekam. Ich hatte eine Packung zurückgehalten. ‚Nil'. Es war
eine blaue Geschenkpackung, ich wollte sie zu Weihnachten nach Hause
schicken. Ich erinnere mich daran, weil er sie zuletzt doch gekriegt hat.
Wir hatten den Posten nicht fertig, da kam Ersatz an. Ein Zug von älteren
Männern in Ausgehanzug und wie zu einer Manöverübung behängt.

Ein paar Soldaten mit übergroßen, alten Infanteriegewehren gehen unsicher an der

Kartoffelluke vorbei über die Spielfläche. Sie tragen taillierte Offiziersmäntel, Ausgehhosen, Halbschuhe und sind mit Schanzzeug, Gepäck, Panzerfäusten und Gasmasken behängt. In die Tarnnetze ihrer Stahlhelme haben sie nach Vorschrift Gras oder Zweige gesteckt.

Ein älterer Unteroffizier kam zu uns hin und sagte —

ÄLTERER UNTEROFFIZIER: Entschuldigen Sie, wo ist hier die Infanterie-stellung?

CZYMEK: Immer vorn. Ich sehe, daß ihr uns hier den Krieg gewinnen kommt in eure Nahkampfausrüstung.

ÄLTERER UNTEROFFIZIER: Wir sind bloß der Musikzug von der Division, wir sollen hier in die Quartiere eingewiesen werden.

CZYMEK: Da seid ihr richtig. Ich bin ein Freund der Musen als ehemaliger Schaubudenbesitzer. Die Quartiere sind die Schlammlöcher, zwei-hundert Meter am Sumpfrand.

PFEIFFER: Sie gingen blöde in die Richtung, als Ari reinhaute,* aber noch entfernt, und der kleine Schindler ankam von unseren.

SCHINDLER: Ablösung! Wir werden abgelöst! Wir verlegen heute abend zum Divisionsstab! Als Divisionsreserve.

PFEIFFER: Tatsache?

SCHINDLER: Wenn ich es sage! Um sieben Stellungswechsel.
Er läuft weiter.

PFEIFFER: Mensch, Czymek!

CZYMEK: Diese Nachricht, Komiker, scheint unseren Namen für die nächsten vierzehn Tage die Möglichkeit zu nehmen, auf einem ehrlichen Kriegerdenkmal oder auf einem anständigen Heldenfriedhof zu stehen. Ich begreife nicht, wie du dich bei diesem Gedanken befriedigt zeigen kannst und dich, wie ich spüre, sogar der Überlegung hingibst, daß du als Feuerwehr bei der Division * die Möglichkeit haben wirst, in einem Bett zu schlafen, zu baden, läusefreie Wäsche anzuziehen, einen Brief an deine Mutter zu schreiben und die Gelegenheit zu einem ordentlichen Beischlaf zu peilen.* — Was aber wird dein Vater, der Buchhalter, am Stammtisch sagen, wenn der Krieg vorübergegangen ist, ohne daß dein Name im Radio gennant wurde? — Wie wird deine Mutter im Luftschutzkeller der Nachbarin ins Auge sehen können, deren vier Söhne bereits unsterblich gefallen sind? Was kannst du hierauf entgegnen? Nichts. Du kannst den Schnaps herausrücken, mit dem du dir heute nacht Mut ansaufen * wolltest, um dir durch ein Kommißbrot in den Arm zu schießen,* was eine überzeugende Verwundung nur einem Volltrottel vortäuscht.

Er entnimmt Pfeiffers Packtasche eine Sanitätsfeldflasche.

Der Schnaps verdient einem höheren Zweck zugeführt zu werden, denn es geht zurück.* Der General Rampf, der uns einhundertundelfmal ange-schissen hat,* hat eine Idee gehabt.

Er schüttet den frisch geschnittenen Machorka in die Kartoffelluke und läßt den Schnaps der Feldflasche in sich hineinlaufen.

Denn jeder hat seine schwache Stunde, wie es in Poesie beschrieben ist, weithin unbekannt.

Er singt:

»Die sich den Hintern nicht selber wischen können, entwerfen Weltordnungen wie nichts.

Die, die auf drei nicht zählen können,
denken in Äonen.

Die eine Frau nicht beschlafen können,
wecken die Toten auf.

Wir, die wir dabei nicht mitkommen,
müssen uns aus ihren Äonen heraushalten,
müssen die Langsamsten sein.

Wenn der Fluß nicht anders durchschritten werden kann als über Leichen, mußt du der Letzte sein.« *

CZYMEK: Ich habe in uns eine Eignung zu ständigen Stabsschützern entdeckt, Harry, und ich möchte ihr menschlich nähertreten.*

Das Licht über der linken Spielfläche erlischt. Lediglich ein Scheinwerfer bleibt auf Pfeiffer, der ein paar Schritte nach vorn gekommen ist.

PFEIFFER *zum Staatsanwalt:* Tatsächlich, bei Anbruch der Dunkelheit, während die Magenkranken und die Feldbäcker in die Sumpfstellung einrückten, fuhren wir mit unseren drei Panzerwagen und zweiundzwanzig Mann zurück zum Divisionsstab des General Rampf nach Pliskoje.

Es erlischt der Scheinwerfer auf Pfeiffer und es erlischt das projizierte Foto Pfeiffers. Czymek und Pfeiffer nehmen auf der hinteren Bank Platz.

STAATSANWALT: Ist das ein realistisches Bild für die damalige Dnjeprfront?

RAMPF: Durchaus. Soldatentum auf der Stufe der Verhunzung.

STAATSANWALT: Hatte die von Ihnen erwähnte Lagebesprechung einen Einfluß auf unsere Ereignisse, Herr Rampf?

RAMPF: Direkt und indirekt. Mir wurde an diesem Abend schrecklich klar, daß die oberste Heeresführung aus allen Katastrophen nichts, gar nichts gelernt hatte. Der Vortrag, von dem Operationschef des Korps routinemäßig gehalten, enthielt keine Kritik und keinen konstruktiven Gedanken. Er beschwor monoton, daß die Dnjeprlinie überall und unter allen Umständen zu halten sei.

‚Womit?' fragte ich. ‚Mit unseren verfügbaren Kräften', sagte er. ‚Der Führer hält die russischen Angriffskräfte für erschöpft und weitere Geländeverluste für untragbar. Die Ostfront ist stillzulegen.'

Jeder der Anwesenden wußte, daß die Russen spätestens Anfang November angreifen würden, und daß dies das Ende der gesamten

Ostfront wäre, aber niemand widersprach. Ich machte den Versuch, eine Umgruppierung der Kräfte zu Schwerpunkten durchzusetzen, um wenigstens örtlich in die Initiative zu kommen. Man hörte mich müde an und verwies auf den Führerbefehl. Ich verließ die Besprechung, ohne mich zu verabschieden. Gegen zwei Uhr nachts in Pliskoje angekommen, schleppte ich mich in meinen Arbeitsraum, physisch und psychisch am Ende.

Rampf geht auf die mittlere Spielfläche. Es wird ein Foto des Zeugen Rampf projiziert. Ein Bühnenhelfer zieht ihm einen Generalsmantel an. Er stützt sich auf seinen Fahrer und betritt seinen Arbeitsraum, der durch eine Projektion markiert ist. Die Projektion zeigt ein englisches Feldbett, an der Wand stehend, darüber die Bilder der großen Generalstäbler Moltke,* Schlieffen,* Ludendorff.* Ein Damenschreibtisch aus dem Rokoko und ein zierlicher Sessel wird in den Raum gestellt.

GENERAL RAMPF
seine Stimme ist heiser: Schlafen gehen, Schubert. Sagen, daß ich von niemandem gestört werden will, von niemandem!

SCHUBERT: Jawohl, Herr General! — Kann ich für Herrn General — ?

GENERAL RAMPF: Nein!
Schubert salutiert und geht. Rampf durchquert mehrfach den Raum, ehe er ausbricht. Die militärische Katastrophe ist gekommen, wie sie kommen mußte! Alles ist gekommen, wie ich vorausgesagt habe! Aber man erwähnt mich nicht einmal! Sie haben nichts gelernt. Nichts! *Er bleibt vor den Bildern der großen Generalstäbler stehen. Die Projektion zeigt die Bilder jetzt stark vergrößert. Er schreit:* Halten, halten, halten! Die Dnjeprlinie halten! Mit was? Klekkern, kleckern, kleckern.* Gefreitenstrategie!* Erste Weltkriegsstrategie! — Nicht kleckern, sondern klotzen!* *Er spielt die nachfolgende taktische Lektion mit den Requisiten seines Schreibtisches durch.* Panzerkorps aus Frankreich her! Am linken Flügel zusammenballen! Über den Dnjepr vorkeilen!* Alle Kraft in diesen einen linken Haken,* klotzen, Schwenk nach Süden,* die Brückenköpfe liquidieren! So wäre die Dnjeprfront zu stabilisieren! So wäre die Initiative zurückzugewinnen! Sie haben nichts gelernt! Kreaturen! Jawohl, mein Führer!* Sieg Heil,* mein Führer! Hypnotisierte Kaninchen! — *Er setzt sich an den Schreibtisch.* Ich ging an meinen Schreibtisch, um eine Denkschrift an den Chef des Generalstabs zu skizzieren. Ich fand ein Feldpostpäckchen meiner Frau vor. Obenauf lag ein Foto. Es zeigte meine Frau auf der Treppe unseres Gutshauses südlich Preußisch-Eylau.* Ich dachte: ‚in vier, fünf Monaten ist das ein gutes russisches Stabsquartier.' Der Hund leckte mir die Hand und fiepte. Ich dachte: ein steifbeiniger Hund und die Fotos großer Vorbilder, das ist mir geblieben. — Ich begann die Denkschrift mit einer historischen Betrachtung der Traditionen des deutschen Generalstabs in Krisenlagen. *Der General schreibt. An der Tür erscheint der Erste Adjutant. Er klopft.* Wer ist das?

STIMME DES ERSTEN ADJUTANTEN: Hauptmann Vorderwühlbecke, Herr General.

Der Erste Adjutant tritt ein.

GENERAL RAMPF: Ich habe bestellen lassen, daß * ich nicht gestört werden will!

ERSTER ADJUTANT: Jawohl, Herr General. Aber der Chef der Operationsabteilung beim Korps besteht darauf, Sie persönlich an den Apparat zu bekommen.

GENERAL RAMPF: Und warum?

ERSTER ADJUTANT: Wegen Demidowo, Herr General, der schwachen Sumpfstellung am nördlichen Brückenkopf, wo wir den Ersatz hingeschickt haben. Es sind dort in der Nacht wieder russische Stoßtrupps durch, in Kompaniestärke.

GENERAL RAMPF: Und?

ERSTER ADJUTANT: Er fragt deshalb an, ob Sie es nicht für ratsamer halten, unsere vorderen Linien bei Demidowo über den Sumpffluß an den Dnjepr-Brückenkopf heranzuziehen, oder wenigstens die Holzbrücke zu besetzen.

GENERAL RAMPF: Ich halte es nicht nur für nicht ratsam, sondern für schwachsinnig! Die Brücke ist für Panzer und jede Art von Operationen absolut wertlos und außerdem nur von Selbstmordkandidaten einzunehmen, da sie von Höhe 508 und 604 unter Artillerie- und Pakbeschuß genommen werden kann.* Ich habe meine motorisierten Truppen nicht zurückgenommen, um sie zu verkleckern, sondern um zu klotzen,* wenn ich sehe, wo angregriffen wird. Bestellen Sie das.* Bestellen Sie das in voller Verantwortlichkeit!

ERSTER ADJUTANT: Jawohl, Herr General.

Er salutiert und geht.

GENERAL RAMPF: Kriegsschultheoretiker!

Der General wendet sich erneut der Denkschrift zu. Das Licht über der mittleren Spielfläche und die Projektion erlischt. Der General entledigt sich des Mantels und kommt zu seinem Platz vor dem Verhandlungstisch zurück.

SCHWEIGEIS: Entschuldigung, handelte es sich bei dem Gespräch um die Brücke, die Sie später besetzen ließen?

RAMPF: Ja, es war ein ungewöhnlich dummer Vorschlag des Chefs der Operationsabteilung beim Korps. Ich war willens, den Vorschlag zu inhibieren.

SCHWEIGEIS: Später änderten Sie Ihre Ansicht, nicht wahr?

RAMPF: Nein. Ich ändere meine Ansichten selten und nie aus Opportunitätsgründen.* Das war übrigens der Grund meines Ausscheidens aus dem Generalstab, Herr Professor.

SCHWEIGEIS: Gut, Sie änderten Ihre Ansichten nicht, aber Sie ließen tags darauf tatsächlich die Holzbrücke über den Sumpffluß besetzen. Ist das richtig?

RAMPF: Ich ließ sie besetzen, als aus dem Vorschlag des Korps ein verbindlicher Befehl geworden war. Es scheint für Fachwissenschaftler schwierig zu verstehen, daß die militärische Exekutive differierende militärwissenschaftliche Ansichten * außer Kurs setzt. * Die Führung eines Krieges ist einem akademischen Kolloquium nur bedingt vergleichbar.

SCHWEIGEIS: Ich hoffe, daß das für die akademischen Kolloquien so bleibt. — Was wurde aus Ihrer Denkschrift, Herr Rampf?

RAMPF: Sie wurde gegenstandslos, weil ich, wenig später, mit Oberst Fahlzogen, einem Vertrauensmann des Generalobersten Beck, * zusammentraf. Es war am 20. Oktober, nach meinen Aufzeichnungen. Einige wesentliche Gedanken der Denkschrift wurden, wie mir scheint, in das spätere Programm der Beck-Goerdeler-Gruppe * aufgenommen.

STAATSANWALT: Das war das Gespräch, das Ihr Divisionspfarrer vermittelte, vermutlich.

RAMPF: Vermittelt ist ein zu starkes Wort.

SCHWEIGEIS: Der Oberst Fahlzogen wurde im Zusammenhang mit dem 20. Juli 1944 hingerichtet, nicht wahr?

RAMPF: Unglücklicherweise ja. Ich habe unser Gespräch später nach dem Gedächtnis aufgezeichnet.

SCHWEIGEIS: Später heißt nach dem Kriege?

RAMPF: Ja. Wir waren zur Zeit des Putsches in Rumänien eingekesselt. Später wurde ich auf Befehl des OKH ausgeflogen. Ich hatte eine schwere Leberentzündung.

SCHWEIGEIS: Wurden Sie hinsichtlich des mißglückten 20. Juli-Putsches vernommen?

RAMPF: Nein.

SCHWEIGEIS: Nicht.
Das sind im Augenblick meine Fragen.

OBERSTAATSANWALT: Wir wollen weitergehen.

STAATSANWALT: Ich möchte einen Passus * aus der Aussage des Pfarrers Schlievland, des ehemaligen Divisionspfarrers, zitieren. Er schildert das Zusammentreffen mit Fahlzogen.

Es wird das Zeugenfoto Schlievlands projiziert. Schlievland betritt die mittlere Spielfläche und setzt sich auf einen Stuhl, der ihm von einem Bühnenhelfer gebracht wurde. Der Staatsanwalt tritt dazu.

Ich fragte: ‚War Ihnen der Besuch angekündigt?' Er antwortete —

DIVISIONSPFARRER: Von meinem Bruder.

STAATSANWALT: Ihr Bruder war Offizier?

DIVISIONSPFARRER: Abwehroffizier im Stabe des General Oster, wie Oberst Fahlzogen. Mein Bruder schrieb, daß man den Josephs * auf den Zahn fühlen * müsse.

STAATSANWALT: Den ‚Josephs'?

DIVISIONSPFARRER: Den Truppengeneralen. Er pflegte eine sehr saloppe Ausdrucksweise. Die Anrede seines Briefes an mich war: ‚Lieber Kommißchristus'.* Und Hitler nannte er den ‚malenden Schäferhund'.*

STAATSANWALT: Wußten Sie, daß er einer Widerstandsgruppe angehörte?

DIVISIONSPFARRER: Ich ahnte es.

STAATSANWALT: Wieso?

DIVISIONSPFARRER: Ich hatte ihm in einem Urlaub, als meine Mutter beerdigt wurde, von mich bedrückenden Grausamkeiten erzählt, Gefangenenerschießungen, Greuel in der Partisanenbekämpfung.* Ich fragte ihn, ob er einen Weg wisse, die Heeresführung mit diesen Übergriffen bekannt zu machen. Da gab er mir eine Akte, die Abschriften einer Reihe von unfaßbaren Befehlen und Schriftstücken enthielt. Kommissarbefehl,* Partisanenbefehl,* Nacht- und Nebelerlaß* sämtlich von der deutschen Heeresführung erlassen. — Nicht zu reden von SS-Dokumenten,* Krematoriumsarbeit * —. Mein Bruder sagte: ‚Der Schweinerei muß ein Ende gemacht werden.'*

STAATSANWALT: Wann trafen Sie Fahlzogen?

DIVISIONSPFARRER: In der Nacht vom 18. zum 19. Oktober, ziemlich spät.

STAATSANWALT: Was war der Zweck seines Besuches?

DIVISIONSPFARRER: Er war formal, wie übrigens auch mein Bruder, als Beauftragter der Heeresinspektion Ost unterwegs,* um Erhebungen über Winterbekleidung zu machen.* Sein wirklicher Auftrag war, die Haltung der Truppengenerale für den Widerstandsfall zu eruieren. Soweit sie vertrauenswürdig waren.

STAATSANWALT: Hielten Sie ein solches Gespräch mit General Rampf für tunlich?

DIVISIONSPFARRER: Ich wußte, daß der General die Kriegsführung Hitlers heftig kritisierte, daß er den Krieg für verloren hielt, und ich kannte seine persönlichen Ressentiments, die mit seinem Ausscheiden aus dem Generalstab zusammenhingen. Ich erbot mich, ein Gespräch zu vermitteln, und ich ließ mich am Morgen durch Hauptmann Vorderwühlbecke zum Rapport melden.

STAATSANWALT: Soviel.

Die Projektionen erlöschen. Der Pfarrer Schlievland geht zu der Schauspielerbank, der Staatsanwalt an seinen Platz.

OBERSTAATSANWALT: Möchten Sie etwas dazu sagen, Herr Rampf?

RAMPF: Lediglich: Divisionspfarrer in Ehren,* aber der Widerstand gegen Hitler vollzog sich nicht auf dieser Ebene. Ich kannte Beck, Olbricht, von Tresckow, zentrale Figuren des Widerstandes der oberen Linie, ich mußte nicht von einem Divisionspfarrer vorgetestet werden.

SCHWEIGEIS: Es würde mich am Rande interessieren, Herr Rampf, ob Ihnen die genannten Befehle vertraut waren, der sogenannte Kommissarbefehl und —

RAMPF: Sie waren mir bekannt, nicht die SS-Pöbeleien,* aber die militärischen Befehle natürlich. Ich lernte den Kommissarbefehl 1941 während der operativen Vorbereitung des Rußlandfeldzuges im Generalstab der Heeresgruppe Mitte kennen. Ich war erschüttert.

SCHWEIGEIS: Und was taten Sie?

RAMPF: Ich ging zu Feldmarschall von Bock, dem damaligen Oberbefehlshaber Mitte.

SCHWEIGEIS: Und Bock?

RAMPF: Auch von Bock war erschüttert. Er warnte Hitler brieflich vor den möglichen Folgen, was Hitler aber nicht beachtete.

SCHWEIGEIS: Womit der Befehl erlassen war, der im vorhinein jede Gefangenenerschießung deckte, nicht nur die der Kommissare. Er war für alle Truppenführer und folglich später auch für Sie verbindlich, nicht wahr?

RAMPF: Wie jeder Befehl, ja. Tatsächlich wurde er von der Truppe großenteils umgangen, von der anständig geführten jedenfalls. Wir taten da das Mögliche.

SCHWEIGEIS: Haben Sie eine Zahl, Herr Rampf, wieviel Gefangene etwa erschossen wurden?

RAMPF: Bei meiner Division?

SCHWEIGEIS: Insgesamt.

RAMPF: Nein. Diese sehr allgemeinen Sachen scheinen mir auch nicht unseren Gegenstand zu betreffen!

OBERSTAATSANWALT: Gehen wir weiter.
Herr Fillisch.

STAATSANWALT: Ich möchte aus meinen Vorermittlungen mit einer Schilderung des Pfeiffer fortsetzen.

OBERSTAATSANWALT: Bitte.

Pfeiffer kommt für die nächste Szene vorbereitet auf die linke Spielfläche. Zeugenfoto Pfeiffer wird projiziert.

STAATSANWALT: Ich fragte auch ihn, wie er als Soldat die allgemeine Kriegslage damals eingeschätzt hätte. Er sagte —

PFEIFFER: Gar nicht. Wir waren zurück zum Stab, wo man die Stiefel ausziehen konnte und die Hose zum Schlafen, da war die Kriegslage günstig. Es gab Strohsäcke, und wir hatten das Quartier eingeheizt mit einem Gartenzaun, was man uns zugewiesen hatte für zweiundzwanzig Mann, und schliefen wie Tote, ohne Angst eben. Außer Czymek, der die Nacht gleich unterwegs war.

Pfeiffer legt sich auf den Boden der linken Spielfläche. Es wird ein enges Quartier mit schlafenden Soldaten projiziert. Czymek kommt herein und bekommt Pfeiffer erst nach langem Rütteln wach.

PFEIFFER: Was ist? Posten? *

CZYMEK: Was unterscheidet einen Menschen von einem gewöhnlichen Vieh? Daß er seine Bedürfnisse mit Überlegung befriedigt. Daß er nicht eine stumpfsinnige Rindfleischkonserve in sich hineinschlingt, wenn er Hunger hat, wozu du bereit wärst ohne weiteres, sondern Verfeinerungen anstrebt, wozu ich einen Hammel besorgt habe, bei der Feld-Gendarmerie. Daß er sich ferner nicht auf dem ersten besten Strohsack herumwälzt, wenn er müde ist, sondern einen Sinn hat für Wohnkultur, wozu ich ein Quartier besorgt habe, das unseren Qualitäten entgegenkommt. Bei einer halben Witwe * mit heranwachsenden Töchtern, Großvater und Babuschka, die einen Sinn für Kochkunst hat. — Umsteigen, Komiker, denn du wirst für mich den ersten Tagesposten stehen * müssen, während ich uns zum Frühstück eine gespickte Hammelkeule brate.

PFEIFFER: Mir hat geträumt. —

CZYMEK: Von einer Dicken, hab ich recht?

PFEIFFER: Mir hat geträumt, ich war Schauspieler.

CZYMEK: Ißt du gerne Nieren?

PFEIFFER: Schon.

CZYMEK: Dann nimm deinen Krempel und komm.

Pfeiffer nimmt seine beiden Packtaschen und sie verlassen den Raum. Licht und Projektion der linken Spielfläche verlöschen. Pfeiffer und Czymek kommen von hinten links die mittlere Spielfläche herunter. Auf deren Projektionsfläche erscheint eine russische Dorfstraße. Der Erste Adjutant und der Divisionspfarrer betreten die Spielfläche vorn rechts und gehen im Gespräch auf der rechten Seite nach hinten.

PFEIFFER

zum Staatsanwalt: Wir gingen die breite, regenzerweichte Dorfstraße herunter. Wir paßten auf den Weg, weil es schlammig war, und wurden die beiden Offiziere auf der anderen Seite erst gewahr, als einer herüberrief:

ERSTER ADJUTANT: Können Sie nicht grüßen? *Er geht über die schlammige Straße vorsichtig auf Pfeiffer und Czymek zu.* Sind Sie Hottentotten?

CZYMEK
gemütlich: Das nein, Herr Hauptmann. Gewöhnliche Landser.

ERSTER ADJUTANT: Und warum können Sie nicht grüßen?

CZYMEK: Es ist weniger das Können als vielmehr die fehlende Übung in Schlammlöchern an der Front seit zwei Jahren, Herr Hauptmann.

ERSTER ADJUTANT: Dann werde ich Ihnen die Übung verschaffen. Ich werde Sie einsperren lassen!

CZYMEK: Unbedingt, Herr Hauptmann.

ERSTER ADJUTANT: Was soll das heißen?

CZYMEK: Da dem Soldaten bekannt ist, daß eine Gehorsamsverletzung beginnt mit Unaufmerksamkeit wie Nichtbemerken eines Vorgesetzten und endet mit Erschießung desselben im Fronteinsatz,* muß schärfstens durchgegriffen werden. Jawohl!
Er reißt die Hacken zusammen, so daß Dreck auf des Adjutanten hellgraue Reithose spritzt.

ERSTER ADJUTANT: Sind Sie besoffen? Sehen Sie nicht, daß Sie im Dreck stehen?

CZYMEK
abermals die Hacken zusammenreißend: Jawohl, Herr Hauptmann!

ERSTER ADJUTANT
das andere Hosenbein abwischend: Name? — Name!

CZYMEK
überlaut: Obergefreiter Czymek, Divisionsreserve der 6. Aufklärungs-abteilung!
Er macht eine stramme Kehrtwendung, furzt und setzt ruhig seinen Weg fort. Der Erste Adjutant starrt ihm nach, ohne einen Laut herauszubringen.

ERSTER ADJUTANT
zu Pfeiffer: Name? Name!

PFEIFFER: Soldat Pfeiffer. Ich habe Herrn Hauptmann nicht gesehen. Ich bin kurzsichtig, Herr Hauptmann.

ERSTER ADJUTANT: Hinlegen! Auf! Hinlegen! Auf! Hinlegen! Auf!
Pfeiffer führt die Kommandos aus und steht danach in angestrengter Haltung vor dem Adjutanten. Der Adjutant betrachtet den verdreckten Pfeiffer, dessen Ohren rot geworden sind und dessen Lippen zittern. Er sieht die Angst in Pfeiffers Gesicht. Er entnimmt seinem Etui eine Zigarre. Pfeiffer zögert, dann tritt er heran und reicht dem Adjutanten Feuer. Der Adjutant geht, ohne sich die Zigarre angezündet zu haben, über die Straße zurück zu dem Divisionspfarrer.

DIVISIONSPFARRER: Ich verstehe nicht, wie ein gebildeter Mensch eine Straße überqueren kann, nur weil er von zwei Dummköpfen nicht gegrüßt wird, Herr Vorderwühlbecke. Christus ließ sich anspeien, ohne seine Würde zu verlieren.

ERSTER ADJUTANT: Es gibt Menschen, die das nicht Würde, sondern Masochismus nennen und bei einem Offizier Vernachlässigung der Aufsichtspflicht, Herr Schlievland. Wollten Sie den General dienstlich oder privat sprechen?

DIVISIONSPFARRER: Dringlich privat, Herr Vorderwühlbecke.
Sie sind in diesem Gespräch nach hinten weggegangen.

PFEIFFER: Ich putzte mir die Brillengläser, die mit Dreck bespritzt waren, mit einem Fußlappen, ich kratzte mir den Dreck von Hose und Rock, ich nahm die beiden Segeltuchtaschen und ging in das Quartier.
In der dunklen Küche waren Frauen mit der Zubereitung großer Fleischstücke beschäftigt. Ich überlegte, was ‚Guten Morgen‘ auf russisch heißt. Es fiel mir nicht ein. Ich sagte: ‚Karascho‘, * und eine alte Frau öffnete mir die Tür zu dem geräumigen Zimmer, dessen Dielen mit weißem Sand bestreut waren.

Eine farbige Projektion zeigt das Zimmer auf der linken Spielfläche. Czymek sitzt behaglich auf einem der weißbezogenen Betten und spaltet mit dem Seitengewehr einen Stapel alter Holztafeln, Ikone Nowgoroder Schule.* Pfeiffer kommt mit seinen beiden Packtaschen herein.*

CZYMEK: Warum läßt du dich von einem Etappengammel in den Dreck legen, der imponieren will einer Sündenabwehrkanone? * Du bist doch ein gelehriger Mensch, warum bleibst du wie ein Schuljunge stehen, wenn ich ihm einen Anschauungsunterricht vollkommener Subordination * erteile? Es ist einem Menschen nicht verboten zu furzen, wenn er einen Befehl ausführt. Es zeugt vielmehr von Übereifer.

PFEIFFER: Aber das sind doch Ikonen, das sind doch meine Ikonen, die du da zerhackst, das sind doch alte Bilder.

CZYMEK: Alte Bilder und altes, gut abgelagertes Lindenholz, womit ich uns eine Hammelkeule braten werde am Spieß, was eine feinere Zunge zu schmecken in der Lage ist. Fang mir nicht mit solchen Blödigkeiten an, * denn ich habe den Krieg nicht angefangen. — Büstra, babuschka, büstra, mjasso! *
Die alte Frau kommt mit den Fleischstücken herein.
Sol, iluk, tschesnok jest? *

DIE ALTE FRAU: Sol jest, iluk jest, tschesnok jest.

CZYMEK: Dann gib her und hol die Nieren.

Die alte Frau geht hinaus. Czymek zerlegt eine Hammelkeule und zieht sie auf einen Bratspieß.

Der Mensch ist ein genußsüchtiges Wesen, besonders wenn ihm eine neue Ordnung eingeführt wird für Volk und Vaterland. Warum? Weil dann zu genießen wenig da ist außer Ordnung und dem Krieg natürlich, der für die Ordnung gebraucht wird wie eine Hochzeitsgesellschaft für ein geschlachtetes Kalb. Ordnung ist, wenn das Kalb gefressen ist. Wo nichts ist, ist schön Ordnung.

Die alte Frau bringt eine Schüssel mit Nieren herein.

Czymek probiert, lyrisch : Nieren mit Gurken und Dill. * *Die alte Frau holt aus der Schürzentasche ein kleines Reibeisen und eine Muskatnuß. Sie reicht Czymek beides.*

Czymek springt auf. Job vrä matj, * Muskat! *Er umarmt die alte Frau.* Job vrä matj, ich habe seit drei Jahren nicht Hammelnieren mit Muskat gegessen.

Er gibt der alten Frau zwei Vorderkeulen und nimmt ihr eine davon wieder weg.

Für dich.

Die alte Frau umarmt das Fleisch und läuft hinaus.

Willst du?

PFEIFFER

das Magazin seiner Armeepistole füllend : Ich muß den Posten ablösen.

Die alte Frau kommt mit Tellern zurück und füllt auf. Sie reicht einen Pfeiffer der den Kopf schüttelt und sich den Stahlhelm aufsetzt.

Es ist acht, und der Posten kann reingegangen sein.

CZYMEK

essend : Was wird aus einem Menschen, der, stehend zwischen einem Nierengericht mit Muskat und einer Pflicht, auswählt die Pflicht? Ein Soldat, der pünktlich kommt zu einem Sturmangriff, wo er erschossen wird, weil er die Nieren hat stehen lassen? Ein Buchhalter mit Magengeschwür, weil er die Nieren hat hart werden lassen und unbekömmlich? Erst kommt das Essen. Iß!

PFEIFFER

eine Zeltplane umlegend : Es muß ein Posten bei den Panzerwagen stehn, denn sie sind scharf * hier.

Pfeiffer kommt ein paar Schritte nach vorn, Czymek ißt mit Behagen. Das Licht über der linken Spielfläche erlischt, nur Pfeiffer bleibt in einem Scheinwerfer.

PFEIFFER

zum Staatsanwalt : Es wär vielleicht alles anders gekommen, wenn ich die Nieren gegessen hätte auf zehn Minuten. Ich habe darüber oft sinniert, * später. Sie waren mir plötzlich zuwider, der Uringeruch, wenn Sie Hammelnieren kennen, die haben so einen eigentümlichen Geruch. Ich glaube nicht, daß es Pflichtgefühl war, eher Angst, wenn das nicht eins ist bei einem Soldaten. Ich war so ein Junge, der sich alles zu Herzen nahm, ich hab mich wie ein Abwisch gefühlt, den man in den Dreck getreten hat, und es kann sein, daß ich auch deshalb bloß * geschossen habe.

STAATSANWALT: Soweit.

Der Scheinwerfer wird von Pfeiffer weggenommen. Pfeiffer geht nach hinten zu de Schauspielerbank. Er wird für seine nächste Szene zurechtgemacht.

Ich möchte eine Aussage des Pfarrers Schlievland anschließen. Sie gibt das Gespräch wieder, das Sie, Herr Rampf, zur etwa gleichen Zeit mit Herrn Schlievland führten. Er kam wegen Oberst Fahlzogen. Können Sie sich daran erinnern?

RAMPF: Ziemlich.

STAATSANWALT: Die Unterredung war in Ihrem Arbeitszimmer.

Auf der mittleren Spielfläche wird der Arbeitsraum des Generals mit Projektion und Requisiten markiert. Bühnenhelfer bringen den Rokokoschreibtisch, den Sessel, das englische Feldbett herein. Der Schreibtisch ist mit einer Serviette zum Frühstück gedeckt.

RAMPF: Ja.

Er geht auf die mittlere Spielfläche und wird während seines Berichts für die Szene hergerichtet.

Ich war nach der vergangenen Nacht in einer üblen Verfassung. Die Berichte von der Front waren deprimierend. Ich versuchte, etwas zu mir zu nehmen, ich glaube, ein Stück Rebhuhn, meine Frau hatte ein oder zwei Rebhühner geschickt. Aber mein Magen revoltierte selbst dabei, und ich warf das Gerüst dem Hunde zu, als Schlievland eintrat — er sah wie das Leiden Christi * aus. Er hatte nicht das erste Wort herausgebracht, als der Hund schon an ihm saß. Ich sage: ‚Stehenbleiben!‘ aber er rennt gleich rückwärts, auf das Feldbett zu: ‚Pfui! Pfui!‘, was natürlich den Hund erst recht wütend macht. Ich sage: ‚Schreien Sie nicht ‚pfui‘ und haben Sie keine Angst. Ein Hund beißt nur, wenn er Angst riecht‘, da ist er schon auf das Feldbett gefallen, der Hund über seiner Gurgel, so daß ich das an sich gutartige Tier von ihm herunterziehen und auf die Straße jagen muß. — Es war eine ziemlich komische Introduktion für einen Verschwörer. Hat er das auch erzählt?

General Rampf sitzt jetzt in Uniform hinter dem Schreibtisch.

STAATSANWALT: Ähnlich. Ich darf meine Aufzeichnungen zu Hilfe nehmen. Ich fragte ihn: ‚Schien Ihnen das Gespräch nicht gewagt?‘ Er sagte: ‚Erst nicht.‘ — ‚Später ja?‘ — ‚Später ja. Es ist eine Sache, eine Kriegsführung zu kritisieren, und eine andere, eine Regierung zu stürzen.‘ Ich fragte: ‚Wie trafen Sie den General an?‘ Und er sagte —

Der Darsteller des Divisionspfarrers ist aufgetreten. Zeugenfoto Schlievland.

DIVISIONSPFARRER: Er frühstückte. Er ließ mich warten, wie es seine Gewohnheit war. Er warf seinem Schäferhund die Knochen zu und sagte: ‚Also Schlievland, wer hat Ihnen in die Lilien gepinkelt?‘ * Er liebte Gesprächseröffnungen, die ihn überlegen machten. Ich hatte mir ein paar Sätze zurechtgelegt, aber ich kam nicht dazu, sie zu äußern, da plötzlich

der Hund auf mich losging, mich umwarf, ich hörte den General schreien
und fand mich auf dem Feldbett liegen, die knurrende Bestie über mir.
Ich muß für einen Augenblick das Bewußtsein verloren haben. Ich hörte
den General sagen: ,Garstig,* Hassan, garstig. Tob dich draußen aus.'*
Ich war in Angstschweiß gebadet, und als ich in der Lage war aufzu-
stehen, war mein erstes Wort:

Der Divisionspfarrer ist während des Berichts auf die Spielfläche gegangen. Der Bericht
geht in die Spielszene über. Der Divisionspfarrer richtet sich bleich vom Feldbett auf.

Darf ich Sie um ein großes Glas Wasser bitten?

Der General reicht ihm eines, der Divisionspfarrer trinkt es aus.

Ich glaube, ich würde niemals einen Hund in meiner Nähe dulden
können.

GENERAL RAMPF: Unsinn, kein besserer Freund als ein Hund, der Herr-
gott ausgenommen. Vom Wolf zum deutschen Schäferhund, zwei-
hunderttausend Jahre menschlicher Kulturgeschichte. Ich wette, Sie
bringen mißliche Nachrichten. Ein Hund hat Witterung für Verdrießlich-
keiten. Schießen Sie los!

DIVISIONSPFARRER
tastend: Sie sagten anläßlich unserer letzten, leider abgebrochenen Unterredung, daß der Krieg in sein finales Stadium getreten sei, und daß es
nunmehr um die Ehre gehe.

GENERAL RAMPF: Na und?

DIVISIONSPFARRER: Ich hatte gestern abend einen Besuch, der diese
Worte in eine unvermutet politische Bedeutung rückte. Es gibt wesentliche
Kräfte,* die ähnlich empfinden. Ich wurde ersucht, ein privates, natürlich
vertrauliches Gespräch mit Ihnen zu vermitteln.

Der General steht auf, dreht dem Pfarrer den Rücken und betrachtet die Bilder der großen
Generalstabsoffiziere über seinem Feldbett. Pause.

Ich mußte an ein Fichte-Wort * denken:
»Und handeln sollst du so, als hinge
von dir und deinem Tun allein
das Schicksal ab der deutschen Dinge
und die Verantwortung sei dein.«

GENERAL RAMPF
sieht Schlievland an: Es sind reale Kräfte, die dahinter stehen?

DIVISIONSPFARRER: Außerordentlich reale. Es kann von einer geistigen
und moralischen Elite gesprochen werden. In Heeresführung und In-
dustrie.

GENERAL RAMPF: — Wann soll das Gespräch stattfinden?

DIVISIONSPFARRER: Morgen früh, Herr General. Oberst Fahlzogen bittet,
daß Ort und Zeit von Ihnen bestimmt werden.

GENERAL RAMPF: — — Ich werde mich morgen früh über die Frontlage am Brückenkopf informieren. Ich kann mit Oberst Fahlzogen um acht Uhr im Ort Demidowo zusammentreffen. Ich nehme an, daß Oberst Fahlzogen mit einem klaren militärischen Auftrag kommt.

DIVISIONSPFARRER: Er kommt als Beauftragter der Heeresinspektion Ost, um bei allen Divisionen Erhebungen über die Winterausrüstung zu machen. Ein völlig zufälliges Zusammentreffen. *Er hat sich dem General genähert.* ,Sich wappnend gegen eine See von Plagen durch Widerstand sie enden!'*

GENERAL RAMPF: Was?

DIVISIONSPFARRER: Ein Dichterwort.

Der General wendet sich, von Schlievlands Nasenleiden gestört, ab und öffnet das Fenster. In der Stille ist ein entfernter Pistolenschuß und kurz danach ein zweiter zu hören.

GENERAL RAMPF: Wer schießt da?

DIVISIONSPFARRER
hebt die Achseln: Ein Pistolenschuß.
Von der Straße hört man das Jaulen eines Hundes und Lärm.

GENERAL RAMPF: Der Hund! Hassan!

Der General läuft hinaus, von dem Divisionspfarrer gefolgt. Wenig später kommt der General langsam in sein Zimmer zurück, den toten Hund auf seinen Armen tragend. Hinter ihm die beiden Adjutanten, die Ordonnanz und der Divisionspfarrer. Er trägt den blutigen Hund auf sein Feldbett, steckt ihm ein Kissen unter den Kopf und legt die Hundepeitsche daneben, das Halsband und den Maulkorb. Dem wie aufgebahrten Hunde gegenüber, läßt er sich steinernen Gesichts in einen Sessel nieder.

GENERAL RAMPF: Feststellen! Den Schuldigen feststellen!

Die beiden Adjutanten laufen hinaus, die Ordonnanz steht neben dem Hund wie eine Totenwache.

SCHLIEVLAND
zum Staatsanwalt: Obwohl ich es nicht billigen mochte, daß von dem Tod eines Hundes soviel Aufhebens gemacht wurde, wo tausende von Soldaten täglich starben, hatte seine Haltung auch etwas menschlich Rührendes. Sein Gesicht hatte einen an ihm nie bemerkten Zug tiefen Schmerzes. Ich machte mich auf den Weg, Fahlzogen zu treffen, um ihn über unser Gespräch und die Verabredung zu unterrichten.
Das Licht auf der mittleren Spielfläche erlischt, Schlievland kommt nach vorn.
Ich fügte an, daß mir der General in der wortkargen Art seiner sittlichen Entscheidung wie ein Nachfahre der preußischen Erhebungszeit* erschienen sei. Fahlzogen winkte ab und sagte: ,Es gibt bei unserer Generalität* ein merkwürdiges Naturgesetz: Je schlechter die Kriegslage, desto sittlicher werden ihre Entscheidungen.* — Und das ist unsere

Chance, Schlievland.' Es klang zynisch. Ich verstand ihn erst Jahre später, als ich die Vernehmungsprotokolle der Gestapo las. Da war Fahlzogen tot und mein Bruder.

STAATSANWALT: Haben Sie damals erfahren, wer den Hund des Generals erschossen hatte, Herr Schlievland?

SCHLIEVLAND: Nein. Irgendein Posten, hörte ich. Es hat mich nicht interessiert.

STAATSANWALT: Hörten Sie etwas von einer Bestrafung oder einem Fronteinsatz?

SCHLIEVLAND: Nein.

STAATSANWALT: Bis hierhin.

Schlievland verläßt die Szene.
Ich habe jetzt eine Schilderung des Zeugen Pfeiffer.
Ich fragte:
‚Wie war das mit dem Hund, Herr Pfeiffer?'
Er antwortete:

Pfeiffer erscheint in einem Scheinwerfer. Zeugenfoto Pfeiffers.

PFEIFFER: Es war vielleicht fünf Minuten, daß ich draußen war. Ich stand unter der Wagenplane, weil so ein scharfer Wind ging, ein kalter, an diesem Morgen, und ich seh den Hund erst, einen Schäferhund, einen grauen, wie er an mir ist, und ich schreie ‚pfui!' und tret ihn in die Schnauze. Da geht er an mir hoch, und ich ziehe die Pistole. Ich treff ihn nicht beim ersten Male und beim zweiten Mal da treff ich ihn, so daß er abgeht und auch Blut gelassen hat.

STAATSANWALT: Wußten Sie, daß der Hund dem General gehörte?

PFEIFFER: Woher?

STAATSANWALT: Nein?

PFEIFFER: Nein.

STAATSANWALT: Was dachten Sie, wem er gehört?

PFEIFFER: Garnichts. Es war ganz beiläufig für mich, das mit dem Hund Nebensache, eine kaputte Hose und erledigt, so daß ich nicht einmal gemerkt habe, daß er wegen des Hundes gekommen ist, der Hauptmann, sondern um was zu finden auf Posten, um uns reinzulegen, so daß ich mir die Knöpfe zumache, ehe ich melde —

Auf der Fläche hinter Pfeiffer wird ein Panzerwagen projiziert. Der verdreckte Pfeiffer steht mit zerrissener Hose auf Posten. Der Erste Adjutant kommt auf ihn zu.

PFEIFFER: Soldat Pfeiffer auf Posten, keine besonderen Vorkommnisse!

ERSTER ADJUTANT: So?

Er greift in Pfeiffers Pistolentasche, stellt fest, daß dem Magazin zwei Patronen fehlen, und schaut durch den frisch durchschossenen Lauf. Er lächelt und steckt die Pistole zu sich.

Sauber.

PFEIFFER

des Glaubens, seine Waffenpflege werde beanstandet: Ich bitte melden zu dürfen, daß ich erst soeben damit geschossen habe, Herr Hauptmann, auf einen Köter, so daß sich die Waffe in einem ungereinigten Zustand befindet!

ERSTER ADJUTANT: Mitkommen! Gehen Sie voraus!

Pfeiffer geht hinkend drei Schritte vor dem Ersten Adjutanten über die Bühne zum Divisionsstab. Die Projektion mit dem Panzerwagen erlischt. Auf der mittleren Spielfläche wird der Arbeitsraum des Generals Rampf beleuchtet.

Der General sitzt zusammengesunken in seinem Sessel und betrachtet den strammstehenden Pfeiffer lange Zeit schweigend. Der Erste Adjutant steht halb hinter Pfeiffers Rücken.

GENERAL RAMPF: Was haben Sie zu Ihrer Rechtfertigung zu sagen?

PFEIFFER: Ich habe den Herrn Hauptmann übersehen,* Herr General. Da ich kurzsichtig bin. Ich war übermüdet, ich bin erst heute nacht aus der HKL* gekommen, wie auch der Obergefreite Czymek, so daß wir auf Herrn Hauptmann —

ERSTER ADJUTANT

in Pfeiffers Rücken: Hören Sie mit dem Gesabber auf und antworten Sie, was Sie gefragt sind! Haben Sie den Hund zusammengeschossen oder nicht?

PFEIFFER

abwechselnd dem Hauptmann und dem General zugewendet: Jawohl, Herr Hauptmann! Das habe ich gerade sagen wollen, Herr Hauptmann! Weil sich daraus erklärt, daß meine Waffe dreckig ist, da ich auf Posten kein Putzzeug bei mir hatte, Herr General!

ERSTER ADJUTANT: Sie wollten also vertuschen, daß Sie den Hund erschossen haben, nicht wahr?

PFEIFFER: Wieso vertuschen, Herr Hauptmann? Der Hund hat mich ja doch angefallen, er hat mir die Hose aufgerissen, hier, Herr Hauptmann, ich habe ‚pfui' geschrien, da hat er nicht gehört, so daß ich mir nicht anders helfen konnte, Herr General.

ERSTER ADJUTANT: Und warum melden Sie: ‚Keine besonderen Vorkommnisse'?

PFEIFFER: Weil ein Hund kein besonderes Vorkommnis ist auf Posten, Herr Hauptmann. Ich hab nicht dran gedacht, Herr General.

DER HUND DES GENERALS
53

GENERAL RAMPF: Sie melden sich in einer halben Stunde mit Ihrem Gruppenführer, gewaschen, rasiert, in vorschriftsmäßigem Anzug, um sich je einundzwanzig Tage verschärften Arrest bei mir abzuholen. Abtreten.

PFEIFFER: Jawohl, Herr General!

Pfeiffer macht eine stramme Kehrtwendung und sieht den aufgebahrten Hund auf dem Feldbett. Er begreift erst jetzt, daß er den Hund des Generals erschossen hat, und macht noch einmal kehrt.

Ich habe nicht gewußt, daß der Hund von Herrn General waren,* Herr General.

GENERAL RAMPF: Treten Sie ab, Sie Miesmuschel!* Abtreten!

Pfeiffer salutiert und bleibt einen Moment in der Tür stehen, ehe er den Raum verläßt. Licht und Projektion der mittleren Spielfläche erlöschen. Pfeiffer kommt nach vorn.

STAATSANWALT: Sie hätten den Hund nicht getötet, wenn Sie gewußt hätten, daß er dem General gehörte?

PFEIFFER: Nein.

STAATSANWALT: Tat es Ihnen leid?

PFEIFFER: Ja.

STAATSANWALT: Fühlten Sie sich schuldig?

PFEIFFER: Ich dachte, das muß nun gerade wieder mir passiert sein.

STAATSANWALT: Was sagten Ihre Kameraden dazu? Erzählten Sie es?

PFEIFFER: Ja, Czymek. Ich ging in das Quartier, und da erzählte ich Czymek, was gewesen war.

Auf der linken Spielfläche erscheint das Quartier mit dem essenden Czymek.
Czymek aß eine frischgebratene Hammelkeule mit mildem, verklärtem Gesicht. Er war dem Verzehr des Fleisches hingegeben wie ein Liebender vielleicht der Liebe. Ich wußte nicht, ob er mir zuhörte, und er brachte ein paar Pfund Fleisch in sich hinein, während ich redete.
Pfeiffer ist auf die linke Spielfläche zu Czymek gekommen.
Ich fragte: ‚Was mach ich jetzt? Was soll ich jetzt machen?'

CZYMEK
Pfeiffer einen Teller hinschiebend: Iß, Mensch! Denn es ist eine Sünde wider den Heiligen Geist, ein Hammelfleisch kalt werden zu lassen wegen einem Kacker von General.* Das werde ich sein, der mit dir bei ihm antreten wird als dein Gruppenführer, weil ja ein Gruppenführer bei uns nicht mehr vorhanden ist einerseits, und weil ich andererseits eine Inspiration habe von einem alten Divisionsbefehl, herumstreunende Hunde betreffend, die zu erschießen sind aus Gründen der Verhinderung von Seuchen, der Divisionsarzt, gesehen und genehmigt, Rampf. Ich nehme

an, daß ich uns diesen durch und durch nützlichen Befehl besorgen kann in einer Schreibstube für deine Frontzulage.* Iß, Mensch! Denn ich habe mir schon immer gewünscht einen Gedankenaustausch mit einem General, welcher für einen Soldaten sonst nur im Kino zu sehen ist oder in einer Operette, singend. Iß!

PFEIFFER: Ich bin so kaputt wie eine Talerhure.*

CZYMEK: Ich besorge den Divisionsbefehl.

Czymek hat sich angezogen und geht. Das Licht auf der linken Spielfläche verlöscht. Die mittlere Spielfläche wird beleuchtet. Die Projektion zeigt einen Kartenraum. Der General steht — in Operationen versunken — an einem Sandkasten. Eine Ordonnanz hält einen Behälter mit hübschen Modellen aller Waffengattungen bereit. Er trägt den Behälter wie einen Bauchladen. Der Erste Adjutant hat Czymek und Pfeiffer geholt, betritt mit diesen die Spielfläche, räuspert sich, ohne Beachtung zu finden.

GENERAL RAMPF

zu der Ordonnanz: Nehmen Sie die beiden Infanterieregimenter raus, Schubert, die sind doch erledigt, auch die Ari hier und die Panzergrenadiere.

Die Ordonnanz nimmt die Figuren und wirft sie in eine Kiste. Der Erste Adjutant räuspert sich erneut.

Was ist, Vorderwühlbecke?

ERSTER ADJUTANT: Die beiden Leute, wie befohlen, Herr General.

GENERAL RAMPF

weiterhin in seine Operationen vertieft: Herkommen.

Pfeiffer und Czymek bauen sich vor dem General auf. Der General winkt ihre Meldungen ab.

Sind Sie der Gruppenführer?

CZYMEK: Durch ein Versehen, Herr General, zu Befehl, da alle anderen geeigneten Persönlichkeiten bereits gefallen sind. Obergefreiter Czymek, Herr General, Schaubudenbesitzer in Zivil.

GENERAL RAMPF: Bemerkungen zur Sache?*

CZYMEK: Melde Herrn General gehorsamst, daß uns der Hund menschlich leid tut, da ich mit meinem Kameraden Pfeiffer sehr tierliebend bin und eine Leidenschaft für Hunde habe, besonders für dressierte. Kein schönerer Zeitvertreib. Aber Pflicht ist Pflicht. Ein Soldat handelt nicht nach einem Gefühl, sondern nach einer Pflicht, sonst ist er nichts. Es soll ja ein sehr schönes und auch ein sehr gut dressiertes Tier gewesen sein, allerdings ohne Kennzeichen.

GENERAL RAMPF: Stillgestanden! Ich bestrafe den Soldaten Pfeiffer und den Obergefreiten Czymek mit je einundzwanzig Tagen verschärften Arrest wegen unsoldatischen Verhaltens, Wachvergehens und Versäumnis der Aufsichtspflicht. Wegtreten.

CZYMEK: Erlaube mir die Bemerkung zu bemerken, Herr General, daß
dieses nicht sein kann.

GENERAL RAMPF: Was? Haben Sie einen Flatus im Hirn?*

CZYMEK: Nein, Herr General, einen Divisionsbefehl. Weil ein Soldat ein
Gedächtnis haben muß für Befehle, weil sie für ihn gemacht sind. Ich
sage immer: Was ist ein Soldat ohne einen Befehl? Ein Mensch, ein un-
brauchbares Individuum. — Hier, wenn ich Herrn General bitten dürfte.

*Er knöpft sich die Brusttasche auf und reicht dem General die Abschrift des Divisions-
befehls. Der General wirft einen Blick darauf und beherrscht sich.*

GENERAL RAMPF: Gut. Sie werden an diesen Befehl denken. Sie werden
an mich denken.

CZYMEK: Jederzeit, Herr General. Ein Soldat denkt jederzeit an seine
Vorgesetzten!

GENERAL RAMPF: Raus! Raus!

*Czymek und Pfeiffer machen kehrt und verlassen schnell den Raum. Das Licht erlischt auf
der mittleren Spielfläche. Bühnenhelfer schaffen den Sandkasten hinaus. Pfeiffer und
Czymek erscheinen auf einer anderen Spielfläche.*

PFEIFFER: Du stirbst nicht auf einmal, dir muß man das Maul extra
totschlagen.

CZYMEK: Ich habe das Gefühl, daß bei dem Kantinenbullen hier fran-
zösischer Cognac zu bekommen ist mit ausgereiftem Bukett gegen an-
ständige Bezahlung deinerseits. Der Mensch wächst mit seinen wach-
senden Bedürfnissen, wobei sein Wachstum ein verborgenes zu sein hat.
Komm.

*Es wird das Innere einer Kantine projiziert. Eine kleine Theke wird von Bühnenhelfern
hineingestellt. Pfeiffer und Czymek stehen an der kleinen Theke und sind angetrunken.*

CZYMEK: Warum muß sein Wachstum ein verborgenes sein, Harry?
Warum? Ich stelle mir den Menschen vor als einen Fisch, als einen
kleinen in unserem Falle, einen kleinen, fressenwollenden, netzbedrohten.
Das Netz ist die Obrigkeit, die neue Ordnung ein festes mit sehr kleine
Maschen.* Da kann eins das Maul aufreißen, weil er ein Netz hat wollen
mit große Maschen, was besser ist logischerweise, und ist schon gefangen, weil er ihnen bemerkbar geworden ist, statt sich klein zu machen
und unbemerkbar, was eine andere Möglichkeit ist, eine schlechte, denn
wie klein, denk an Sardellen, muß eins sein, um heut nicht gefressen zu
werden? Wie auskommen, wie? Man muß auf die Lücken passen, die
gelassen werden müssen für große Fische, die das Netz zerreißen täten,*
Verordnungen genannt, wodurch wir geschlüpft sind vor einer historischen
Minute in einen längeren Stabsaufenthalt.* Prosit.* — Wie es im Liede
heißt, einem unschönen:

»Achte beim Netz auf die Lücke,

auch wenn du ein kleiner Fisch bist.
Geh selbst zurm Abort * mit 'ner Krücke,
auch wenn du gesundbeinig bist.
Denk' an die kleine Sardell',
zu klein nicht, gefangen zu werden.
Wie klein muß eins sein und wie schnell,
im Krieg nicht gefressen zu werden?«*
Die Projektion Kantine erlischt.

PFEIFFER: Wir waren angetrunken, als wir in die Straße zu unserem
Quartier einbogen, und wir sangen —

PFEIFFER UND CZYMEK

kommen die Spielfläche herunter.

Sie singen:

»Denk an die kleine Sardell',
zu klein nicht, gefangen zu werden.
Wie klein muß eins sein und wie schnell,
im Krieg nicht gefressen zu werden?«

Auf der mittleren Spielfläche erscheint die Projektion der Dorfstraße. Ein Munitionsan-
hänger wird auf die Spielfläche gezogen. Soldaten schleppen ihr Gepäck zu den Panzer-
wagen.

PFEIFFER: Da hörte ich, daß unsere Panzerwagen angelassen wurden und
sah Landser ihre Klamotten anschleppen. Der kleine Schindler kam mit
einer Lötlampe unter einem Wagen vorgekrochen, und ich fragte:
Pfeiffer und Czymek sind auf die mittlere Spielfläche gelaufen.

PFEIFFER: Was ist? Was ist denn los?

SCHINDLER: Frag nicht dämlich! Wir fahren vor, wegen deiner Scheißgeneralstöle * fahren wir vor! Man müßte dir die Fresse polieren! *

PFEIFFER: Mir? Wieso mir? Das muß auf einem Irrtum beruhen.

SCHINDLER: Du bist blöder, als es bei Preußens vorgeschrieben ist! *

Er stößt Pfeiffer beiseite auf einen Stapel Munitionskisten und geht, um sein Gepäck aus
dem Quartier zu holen Pfeiffer liegt über den mit einer Plane bedeckten Kisten.

CZYMEK: So. So ist das also!

Er reißt zwei eiserne Munitionsbehälter aus dem Anhänger, wirft die Magazine heraus und
gibt die beiden Kästen der alten Frau, die gleichfalls herzugelaufen ist.

Büstra, babuschka, büstra! Pack unsere Klamotten zusammen und das
Hammelfleisch! Es ist nötig, den Hund des Generals an deinen sibirischen
Untermenschen * zu rächen.

Die Alte läuft in das Quartier, die Sachen zusammenzupacken. Czymek geht hinter ihr her.
Ein anderer Soldat, Partisanenfranz genannt, will die Munitionskästen verladen. Pfeiffer
liegt regungslos auf dem Bauch.

PARTISANENFRANZ: Komm von den Kästen runter und dreck mir nicht
die Plane voll,* Mensch! Sauf nicht, wenn du's nicht verträgst.

Pfeiffer rührt sich nicht. Der Soldat richtet ihn auf und sieht, daß Pfeiffer fix und fertig ist. *

Meld dich doch krank, Mensch. Du hast doch Fieber, du bist doch kaputt
wie eine Filzlaus. Warum willst du dich nicht krank melden?

PFEIFFER: Nein. Ich geh zum General. Ich will allein nach vorn geschickt
werden.

PARTISANENFRANZ: Blödes Zeug, blödes. Als wenn nicht jeder andere
von uns die Hundelerge auch umgelegt hätte.

STAATSANWALT: Ich fragte: ‚Und gingen Sie zum General?'
Und er sagte:

PFEIFFER: Nein.

STAATSANWALT: Warum nicht?

PFEIFFER: Warum! Ich konnte ja nicht sagen, daß er uns des Hundes
wegen vorschickt.

STAATSANWALT: Sie meinen, es gab für diesen Einsatz vielleicht auch
andere, militärische Gründe?

PFEIFFER: Das nicht. Das bestimmt nicht. Das zeigte sich ja auch in
Demidowo, daß das unsinnig war, militärisch.

STAATSANWALT: Konnten Sie das als einfacher Soldat tatsächlich beur-
teilen, Herr Pfeiffer?

PFEIFFER: Das vielleicht nicht. Aber das wußte jeder, daß das Schikane
war, jeder.

STAATSANWALT: Warum gingen Sie dann nicht zum General hin?

PFEIFFER: Da möchte ich Sie fragen, ob Sie vielleicht Soldat gewesen sind,
Herr Staatsanwalt?

STAATSANWALT: Nein. Ich war zu jung, glücklicherweise.

PFEIFFER: Da möchten Sie veilleicht sonst nicht fragen, Herr Staatsanwalt.
Da hätte ich einen sehen mögen, da war auch alles schon im Gange,
Befehl ist Befehl, die Wagen liefen und die Landser mit ihren Klamotten —

*Man hört das Motorengeräusch der Panzerwagen hinter der Szene. Schindler und andere
Soldaten laufen mit ihrem Gepäck über die Bühne. Czymek schleppt sein Zeug aus dem
Quartier. Hinter ihm die alte Frau, von einer halbwüchsigen Enkelin begleitet, mit Pfeiffers
Sachen. Die alte Frau stellt die Sachen ab und will Czymek mit Gebärden etwas klarmachen.*

CZYMEK: Was ist? Machst du Freiübungen?

ENKELIN: Sie kann dir sagen, ob du stirbst. Sie ist verrückt im Kopf. Wo
ihre Hände stehenbleiben, dort wirst du getroffen.

CZYMEK: Dann los. In meiner Schaubude haben solche Sachen Geld ge-
kostet, warum soll ich mir nicht ein kostenloses Orakel mitnehmen? Wenn
es stimmt, wirst du in meiner Schaubude engagiert gegen freie Verpflegung und Schutz gegen sexuelle Übergriffe, Babuschka.

*Er stellt seine Sachen ab. Andere Soldaten stellen sich dazu. Die Frau bekreuzigt sich,
benetzt ihre Finger mit Speichel. Sie hat die Augen geschlossen, murmelt unverständlich
und läßt ihre Hände über Czymeks Gesicht und Körper gleiten. Die Soldaten grinsen, aber
sie sind nicht sicher, ob die Alte nicht tatsächlich den Tod fühlen kann. Ihre Hände passieren
Czymeks Körper ohne Aufenthalt, und die alte Frau lächelt.*

Du nimmst mir die letzte Hoffnung. Auf einen anständigen Heimatschuß
hatte ich fest gerechnet.* Der nächste bitte zur Leichenschau!

*Die Soldaten schieben den kleinen Schindler vor, der als abergläubisch gilt. Schindler hört
auf zu grinsen, als die tastenden Finger der alten Frau an seinem Oberbauch stocken,
zurückgehen und erst beim zweiten Mal glatt vorbeikommen.*

SCHINDLER: Du mußt bei mir vor allem auf die edleren Teile weiter unten
achten. Da lege ich den meisten Wert drauf.

CZYMEK: Der nächste. Komm, Komiker!

PFEIFFER: Laß!

CZYMEK: Mensch, Komiker, du wirst doch nicht vor einem alten Weib
Angst haben.

PFEIFFER: Ich habe keine Angst, ich weiß ohne sie, was mit mir los ist. Ich
glaube nicht an den Quatsch.

CZYMEK: Na also, dann mach keine Sachen, und laß dir von ihr beweisen,
daß du so unverwundbar wie der heilige Michael bist, mit dem du eine
physiognomische Ähnlichkeit hast.

*Er schiebt Pfeiffer zu der alten Frau, die wie bei den anderen die Augen schließt und zu
murmeln beginnt. Sie fühlt über seinen Kopf, seinen Hals, und ihre Hände bleiben auf
seiner linken Brustseite liegen. Sie hört auf zu murmeln, sie öffnet die Augen und sieht
Pfeiffer an.*

He, Babuschka, schlaf nicht ein, he! Mach weiter!

*Die Alte rührt sich nicht. Pfeiffer sieht sie aus weiten Augen an, als sie ihn zu segnen
beginnt.*

Weitermachen! Mach weiter, du Gespenst!

Czymek packt die Alte und schüttelt ihren kleinen Körper wie eine Puppe.

PFEIFFER: Laß sie los. Laß sie! — Ich glaube sowieso nicht an diese
Blödheiten.

Der Waffenoffizier kommt, der gegenwärtig den Rest der Kompanie kommandiert.

WAFFENUNTEROFFIZIER: Macht hin! Aufsitzen, Czymek, los aufsitzen,
wir warten bloß noch auf euch Waldheinis!*

CZYMEK: Du wirst noch früh genug zu einem kalten Arsch kommen,*
Kapo! *

WAFFENUNTEROFFIZIER: Immer nach dir, Czymek. Immer nach dem ver-
fressensten Obergefreiten der deutschen Wehrmacht, der eines Tages an
seiner Schnauze aufgehängt wird. Aufsitzen!

*Czymek stopft das herausquellende Hammelfleisch in seine Magazinkästen und nimmt wie
die anderen Soldaten seine Sachen auf. Die Soldaten gehen in Richtung der nicht sicht-
baren Panzerwagen. Das Licht auf der mittleren Spielfläche erlischt. Man hört die Panzerwagen anfahren. Pfeiffer kommt nach vorn.*

PFEIFFER: Wir fuhren an den Fenstern des General Rampf vorbei. Wir
fuhren an die Front. Wir fuhren nach Demidowo.

OBERSTAATSANWALT: Es ist zehn vor eins, meine Herren, und ich glaube,
wir haben einen ganz guten Punkt, die Mittagspause zu machen, wenn
Sie einverstanden sind.

ANWALT: Einverstanden.

STAATSANWALT: Einverstanden.

SCHWEIGEIS: Bitte.

RAMPF: Sehr einverstanden.

Die Herren erheben sich schnell und gehen zum Mittagessen.
Pause.

Die offene Bühne ist dunkel. Es sind einige Praktikabel * dazugekommen und eine Treppe.*
Auf das Gongzeichen des Inspizienten fahren die Tiefstrahler und Projektionswände
herunter. Die drei Herren der Untersuchungskommission, ferner Rampf und sein Anwalt
kommen die Bühne herunter zu ihren Plätzen rechts vorn.

OBERSTAATSANWALT: Wir wollen fortfahren.
Die Herren setzen sich.
Herr Fillisch.

STAATSANWALT: Ich referiere weiterhin nach dem Protokoll meiner Vorermittlungen.

ANWALT: Sie sprachen von Tonbandprotokollen, glaube ich.

STAATSANWALT: Ja.

ANWALT: Existieren diese Tonbänder noch im Original?

STAATSANWALT: Sie sind hier. Ja.

ANWALT: Und wo wurden sie aufgenommen?

STAATSANWALT: In meinem Büro, in den letzten Wochen.

ANWALT: Sie wählten für Ihren Bericht natürlich bestimmte Teile aus.

STAATSANWALT: Was mir wesentlich schien, ja.

ANWALT: Das wollte ich wissen.

OBERSTAATSANWALT: Es stehen natürlich auch die im Bericht nicht
berücksichtigten Teile der Vorermittlung zur Verfügung, wenn das später
gewünscht wird. Auch der Zeuge Pfeiffer wurde für heute nachmittag
bestellt und kann auf Wunsch von Ihnen selbst verhört werden.
Der Anwalt winkt ab.

STAATSANWALT: Ich gehe in der Darstellung weiter, die mir von dem
Zeugen Pfeiffer gegeben wurde.
Es wird das Zeugenfoto Pfeiffers projiziert.

ANWALT: Können wir das im Original haben?

STAATSANWALT: Selbstverständlich. Er sagte —
Er setzt ein Tonbandgerät in Gang.

STIMME DES PFEIFFER: Wir fuhren an den Fenstern des General Rampf
vorbei. Wir fuhren an die Front. Wir fuhren nach Demidowo. Wir kamen

vor Abend an und fuhren in die Stellung, die wir tags zuvor verlassen hatten.

Die linke Spielfläche wird beleuchtet. Die Projektion zeigt die alte Stellung. Eingegrabene Panzerwagen längs den Brandmauern abgerissener Häuser. Vor einem Mauerrest herumsitzende Soldaten, essend, rauchend, schlafend. Unter ihnen Pfeiffer, Czymek, Schindler, Partisanenfranz, der Waffenunteroffizier. Ein nervöser, älterer Infanteriehauptmann kommt in Begleitung eines jungen Leutnants und faucht den Waffenunteroffizier an.

INFANTERIE-HAUPTMANN: Wer hat Ihnen gesagt, daß Sie in die alte Stellung fahren sollen? Sie fahren vor! Sie gehen 'jenseits der Brücke in Stellung! Damit der Rabatz aufhört, den uns die Iwans hier jede Nacht machen. Gestern abend haben sie uns zehn Musiker und ein SMG kassiert.* Sie kriegen die dreißig Musiker dazu und besetzen diese lausige Brücke. Das ist ein Divisionsbefehl. Verstanden!

WAFFENUNTEROFFIZIER
langsam: Jawohl, Herr Hauptmann, ich habe Herrn Hauptmann genau verstanden.

INFANTERIE-HAUPTMANN: Also. Sie fahren vor, sobald es dunkel ist. Unter Werferschutz.* Das Kommando übernimmt Leutnant Faber. — Ich kann gegen einen Divisionsbefehl nicht anstinken.*
Der Hauptmann zögert einen Moment, dann entfernt er sich schnell.

SCHINDLER: Welche Brücke denn, Kapo?

PARTISANENFRANZ: Dreimal darfst du raten.

SCHINDLER: Die sind ja verrückt! Da macht uns doch die Pak zu Hackfleisch. Nicht mit mir, nicht wegen dem Pfeifenkopf * hier! Da kann ich mich ja gleich hier an die Wand stellen lassen!*

CZYMEK: Das ist jederzeit und ohne weiteres möglich, Schindler, da es dir an dem Vertrauen fehlt, das ein Soldat setzt in seine Vorgesetzten, die sein Bestes wollen auch wenn es von diesem spät oder nie erkannt wird. Hab ich recht, Herr Leutnant?

LEUTNANT: Der Verein hört auf mein Kommando.* *Zum Waffenunteroffizier:* Lassen Sie Stellungswechsel vorbereiten.

WAFFENUNTEROFFIZIER: Jawohl, Herr Leutnant.

Der Waffenunteroffizier geht ab. Der Leutnant hockt sich an die Mauer und betrachtet die Karte in seiner neuen Kartentasche.

CZYMEK: Da haben Sie wieder ein schönes Glück mit uns gehabt, Herr Leutnant. So frisch an der Front und gleich Glück.

Die Soldaten sehen den Leutnant mit verkniffenen Gesichtern an. Der Leutnant tut, als höre er Czymek nicht zu.

Nichts Schöneres für einen Krieger als einen Auftrag, den ein normaler Mensch für aussichtslos halten möchte. Dabei beginnt erst das wahre

Heldentum. Sind Sie schon einmal in einen Wagen gesessen,* der abgeschossen wird von Ratschbumm? * Ich hatte einmal einen Leutnant, auch einen jungen, der sogar über seinem Feldbett den Spruch angebracht hatte, daß es für einen Offizier nicht genügt vorzuleben, sondern auch vorzusterben.* Wir haben ihm ein sehr ansprechendes Birkenkreuz gemacht. Wenn Sie wollen, können Sie in meinem Wagen fahren, ich fahre als erster.

Er nimmt mehrere Kochgeschirre und geht an dem Leutnant vorbei.

LEUTNANT: Wo wollen Sie hin?

CZYMEK: Ich gehe den Schnaps holen, der vor Heldentaten verteilt wird.

LEUTNANT: Dann melden Sie sich gefälligst ab.

CZYMEK: Jawohl, Herr Leutnant. Ich melde mich ab, den Schnaps zu holen, der vor Heldentaten verteilt wird.

Czymek verschwindet.

Der Gefreite Paschke, ein dicklicher, älterer Soldat lacht.

LEUTNANT

plötzlich aufspringend, zu Paschke: Warum lachen Sie? Sie! Auf! Legen Sie die Ohren an,* wenn ich mit Ihnen rede! Achtung! Zigaretten weg!

Die Soldaten sind zögernd aufgestanden und stehen stramm.

Ihr denkt vielleicht, ihr könnt mir auf den Kopf rotzen,* weil ich euch nicht den starken Wilhelm mache.* Das könnt ihr denken, aber es ist ein Irrtum. *Schreit:* Ich bin schon mit ganz anderen Ganoven fertig geworden! * Mit ganz anderen! — Unteroffizier!

Der Waffenunteroffizier kommt.

WAFFENUNTEROFFIZIER: Herr Leutnant!

LEUTNANT: Die Bereitschaftsstellung ist der Hohlweg am südlichen Ortsrand. 20 Uhr 10 Stellungswechsel.

Der Leutnant entfernt sich schnell.

SCHINDLER: Dieser Pflaumenaugust * hat uns zu unserem Begräbnis gerade noch gefehlt.

Die Soldaten gehen in Richtung der Wagen. Licht und Projektion werden von der linken Spielfläche weggenommen. Geräusche fahrender Panzerwagen. Danach zeigt die Projektion der mittleren Spielfläche die Bereitschaftsstellung mit den Panzerwagen in einem Hohlweg. Soldaten, darunter Pfeiffer, Czymek, Schindler, Partisanenfranz, Paschke, sitzen in Decken gehüllt, fröstelnd und warten auf den Angriffsbefehl. Jeder ist mit seinen Gedanken beschäftigt. Schindler raucht nervös. Pfeiffer starrt vor sich hin und muß mehrfach ausspucken. Czymek trinkt aus einem Kochgeschirr Schnaps. Man hört den Bericht des Zeugen Pfeiffer von einem Tonband:

STIMME DES PFEIFFER: Es waren ziemlich zwanzig Minuten, die wir in Bereitschaftsstellung warteten. Ob einer den fünften oder den fünfundzwanzigsten Angriff fährt, die zwanzig Minuten davor, das sind die zwanzig Minuten, die man noch nicht verreckt * ist.

CZYMEK

Pfeiffer das Kochgeschirr reichend : Trink, Komiker.

Pfeiffer schüttelt den Kopf. Der Partisanenfranz nimmt das Kochgeschirr.

PARTISANENFRANZ: Für einen deutschen Rassehund. *Er trinkt.* Trink. *Pfeiffer reagiert nicht. Partisanenfranz trinkt noch einmal.* Es ist alles Schicksal, Mensch. Was willst du dagegen machen. Es geht alles vorüber. So oder so. *Er horcht.* Hör dir das Gegröle von diesen Sibirjacken * an, den langschwänzigen. Auf drei Kilometer. Die saufen sich voll und stemmen dicke Weiber. Motorisierte Puffs bis in die Frontlinie. Das ist Komfort, das ist Heimatliebe. Warum werden wir nicht mal auf einen Puff angesetzt, * Czymek? *Er trinkt. Über die Projektion laufen Lochscheiben, leichten Schneefall darstellend.* Es schneit. Bald Weihnachten, Mensch, Pfefferkucken.

PASCHKE

singte leise :
»Wenn sich die späten Nebel drehn,
wirst du bei der Laterne stehn,
mit mir, Lilimarleen.« *
Er wiederholt es.
Schindler springt plötzlich auf und geht auf Paschke los.

SCHINDLER: Aufhören! Hör mit dem Lied von dieser gottverdammten Nutte auf! Heiliges Herz Jesu — *er bekreuzigt sich und läuft weg.*

PARTISANENFRANZ: Was ist denn mit dem los? Wo ist er hin?

CZYMEK: Abprotzen. * Hinter einem Busch und dabei das Heilige Herz Jesu verfluchen. Er denkt, daß er an einem Bauchschuß krepiert. * Er ist fromm, ein anderer könnte nicht so fluchen, so gotteslästerlich. Er hat sich einen Leibschutz gemacht, aus Filz, von Filzstiefeln geschnitten, den wird er sich jetzt ummachen. Zehn Minuten noch.

PARTISANENFRANZ: Ich möchte nicht die Hoden weggeschossen haben oder blind. * Ein Arm schon.

PASCHKE

nachdenklich : Als ich das letzte Mal in Urlaub war, Weihnachten vor einem Jahr, bin ich mit meiner Alten eine Woche aus dem Bett gar nicht rausgekommen. Das ist sie. *Er zeigt ein Foto.*

PARTISANENFRANZ: Stramme Frau.

PASCHKE: Das ja. Und gutmütig. Ich habe Pensionsanspruch als Briefträger. * Karpfen mit polnischer Tunke jedes Weihnachten.

CZYMEK: Da kommen auch schon unsere verbündeten Weihnachtsmänner. Fünf Minuten.

Es sind einige Soldaten von der Musikabteilung auf die Spielfläche gekommen. Sie sind sehr verdreckt und haben große Stahlhelme auf. Sie gucken sich unsicher um.

Ihr seid ja so verändert, ihr werdet mir doch nicht unter den Jauchewagen gekommen sein mit euerm hübschen Gepäck.

Einer der Musiker, der etwas stottert und immer noch sein Fagott in einer Hülle bei sich trägt, nimmt drei Zigaretten heraus und wendet sich an Czymek.

SOLDAT: Wie soll das denn gehen, wie sollen wir denn alle dreißig auf den drei Wagen sitzen?

CZYMEK

die Zigaretten einsteckend : Auf dem Fußtrittfänger, du wirst es nicht glauben. *Czymek zündet sich eine Zigarette an. Der Leutnant Faber kommt, er wendet sich an Czymek.*

LEUTNANT: Beeilung, lassen Sie aufsitzen. Es ist verboten zu sprechen, es ist verboten zu rauchen. Wenn die Werfer loslegen, die beiden Höhen unter Beschuß zu nehmen, fahren wir mit abgedrosselten Motoren langsam und auf Tachoabstand * den Knüppeldamm entlang bis zur Brücke vor.

CZYMEK: Langsam, das ist gut. Das ist eine gute, sichere Sache für Selbstmörder.

LEUTNANT: Das ist ein Befehl! Haben Sie verstanden? Das ist ein Befehl!

CZYMEK: Natürlich, natürlich ist das ein Befehl, aber ein ungeeigneter, mit heilen Knochen hinzukommen.* Wir fahren als erster Wagen, wie abgesprochen.*

LEUTNANT: Sie machen, was ich befohlen habe!

CZYMEK: Immer, Herr Leutnant, immer! Auf gehts!

Er trinkt das Kochgeschirr mit Schnaps aus. Die Soldaten stehen auf und gehen auf die Wagen zu. Das Licht und die Projektion auf der mittleren Spielfläche werden weggezogen. Man hört das Geräusch der Panzermotoren und die Abschüsse der Werferabteilung. Pfeiffer ist die Spielfläche herunter nach vorn gekommen und steht in einem Scheinwerfer.

PFEIFFER: Als die Werfer losorgelten,* trat Czymek das Gas durch * und preschte über den Knüppeldamm, den die Russen jeden Moment mit Pak, Stalinorgeln und jedem gewünschten Kaliber* zudecken konnten. Schindler und ich hockten vorn auf den Panzerplatten und wir schrien wie die Stiere wenn Czymek aus der Richtung zu kommen drohte.

Wir sahen, daß uns der zweite Wagen folgte, um wie wir mit Karacho * bis zur Brücke durchzustoßen und auch der dritte mit dem Leutnant, der verrückt herumschrie. Dadurch kam der Fahrer an der Brückenauffahrt vom Weg ab und kippte den Wagen um. Dabei wurden einem Musiker zwei Finger abgequetscht und einem anderen ein Bein gebrochen. Die Landser krochen aus dem Wagen und rannten mit umgeschlagenen Decken über die Brücke. Der Leutnant lief hinter ihnen her und suchte Czymek. Als er auf der Brücke war, legte die russische Artillerie aus zwei- bis dreihundert Rohren los und haute den Weg kurz und klein, den wir soeben zurückgelegt hatten.

Die linke Spielfläche wird beleuchtet. Die Projektion zeigt einen Panzerwagen, der durch die Flußböschung gegen direkten Beschuß gedeckt ist. Die Soldaten horchen auf die entfernten Artillerieeinschläge. Czymek sitzt auf seinen beiden Magazinkästen mit Hammelfleisch. Er raucht eine Zigarette, die er in der hohlen Hand hält. Als das russische Artilleriefeuer aufhört, kommt der Leutnant.

LEUTNANT: Das ist Ihr Werk! Sie haben es gewagt, gegen meinen ausdrücklichen Befehl zu handeln!

CZYMEK
freundlich: Wieso? Gegen welchen Befehl, Herr Leutnant?

LEUTNANT: Stehen Sie auf, Mensch! Aufstehn! Ich habe befohlen, daß mit gedrosselten Motoren langsam vorgefahren wird!

CZYMEK: Das kann ich mir nicht denken, Herr Leutnant. Das hätte ich bestimmt gehört. Das muß ein Mißverständnis sein. Hast du etwas gehört, Komiker?

PFEIFFER: Nichts. Leider gar nichts.

PARTISANENFRANZ: Es war die Rede, daß wir als erste fahren. Und Tachoabstand, was ja nicht uns betrifft. Ein Mißverständnis.

CZYMEK: Was noch den Nachteil hat, dieses Mißverständnis, daß wir sonst schön ruhig miteinander bei dem alten Herrn da oben * auf weiche Wolken * säßen, statt hier an einer Scheißbrücke zu liegen bei Frost. Womöglich wäre dort ich Ihr Vorgesetzter, bei der Verkalkung der Obrigkeit. *

LEUTNANT: Machen Sie keine dämlichen Witze! Die Witze werden Ihnen vergehen, * wenn ich einen Bericht über Sie mache!

CZYMEK: Das können Sie, Herr Leutnant, das können Sie. Von einem gewissen Standpunkt aus ist es sogar unangebracht, einen Bericht vermeiden zu wollen, sonst wären wir nämlich jetzt in einem hübsch geheizten Arrest, * mein Kamerad und ich. Es war ein Denkfehler von uns, zu denken. Ich würde raten, den Bericht sofort zu schreiben, weil wir in ein paar Minuten das Festfeuerwerk hier auf der Brücke haben werden. Ich empfehle, die Leute von der Brücke weit weg auseinander zu ziehen und dann mit sehr abgedrosselten Motoren alles zurückzufahren, was der Zauber übriggelassen hat. *

LEUTNANT: Ich gebe Ihnen jetzt allen einen guten Rat. Ich rate Ihnen, sich daran zu gewöhnen, daß hier einzig und allein ich befehle, und daß ich eine Witterung für Defaitismus habe. Ich rate Ihnen, zur Kenntnis zu nehmen, daß diese Brücke hier befehlsgemäß und unter allen Umständen gehalten wird! Bis zum letzten Mann! Die 2-cm-Geschütze und die MG's werden ausgebaut und an dem oberen Böschungsrand mit freiem Schußfeld in Stellung gebracht! Sicht geht vor Deckung! * Anfangen!

Der Leutnant geht weg.

5

CZYMEK

ruft ihm nach : Ich werde Sie daran erinnern in ein paar Minuten.

LEUTNANT

kommt zurück, zieht seine Pistole : Und ich knalle Sie ab, wenn Sie nicht augenblicklich Ihr dreckiges, zersetzendes Maul halten! Haben Sie verstanden!

Czymek sieht den Leutnant an. Der Leutnant entfernt sich befriedigt.

PARTISANENFRANZ: Der junge Spritzer * scheint sich aus unseren Knochen einen kleidsamen Orden basteln zu wollen. *Er singt :*
»Ha'm Se schon 'n Ritterkreuz? *
Nein, nein, wir ha'm noch keins.
Aber Rampf bestellt uns eins!«

SCHINDLER

hysterisch : Warum legen wie die Sau nicht um? Warum warten wir darauf, daß uns die Stalinorgeln hier zu Fleischsalat verarbeiten! Ich laß mich nicht wie ein Schwein abschlachten! Für nichts, für gar nichts, für diese stinkige Generalsau!

Man hört ein helles Dudeln, die Abschüsse von Salvengeschützen, die Soldaten werfen sich auf den Boden.

PARTISANENFRANZ: Das Orgelkonzert beginnt.
Pfeiffer ist nach vorn gekommen und kommentiert.

PFEIFFER: Wir krochen in die Erde und zählten: ,Eins, zwei, drei, vier, fünf . . .' Wir hörten das hohe Schellern der Raketengeschosse über uns wegziehen und in ziemlicher Entfernung einschlagen. Wir hoben die Köpfe und Czymek sagte:

CZYMEK: Das scheint eine Postwurfsendung * für Demidowo gewesen zu sein.

PFEIFFER: Wir hörten neue Raketenabschüsse und krochen erneut in die Erde und abermals und abermals und warteten, daß die Brücke dran käme, und daß wir ausgelöscht würden. Dann wurde es still, und wir sahen, daß Demidowo brannte. Czymek sagte:

CZYMEK: Sinnloser Luxus. Ich weiß nicht, was in diesem lausigen Kaff * noch brennen kann. Ich habe das ganze rohe Hammelfleisch mit, und wir können es nicht fressen, weil wir hier kein Feuer haben. — Also, da werden wir die Festung Europa * um einen neuen Stützpunkt bereichern. *
Die Soldaten richten sich auf. Licht und Projektion erlöschen.

PFEIFFER: Wir bauten die MGs und die 2-cm aus und brachten sie am Böschungsrand in Stellung. Wir am weitesten links. Wir erwarteten in jedem Augenblick den nächsten Feuerüberfall aus dem Brückenkopf, der uns zudecken würde. Aber er kam nicht. Wir hörten das Rumoren von Panzerfahrzeugen, die in den Dnjepr-Brückenkopf gebracht wurden, hie und da entfernte Stimmen, ein Grölen, ein Lachen, die der kalte Ostwind zu uns herüberwehte.

Auf der linken Spielfläche erscheint die Projektion der Stellung. Czymek an einem MG, Pfeiffer geht auf die Spielfläche und legt sich neben ihn.

PFEIFFER: Was ist mit den Iwans los? Warum beharken* sie nicht die Brücke? Was haben sie mit uns vor?

CZYMEK: Ich bin kein Hellseher. Aber ich halte es für nützlich, daß wir uns ein bissel den Weg anschauen flußaufwärts. Es wird sich als taktisch unumgänglich erweisen, die Befestigungen von einem verhältnismäßig abgelegenen MG-Posten zu sichern, wozu wir geeignet sind. Schon weil es heißt in einem gelehrten Buch, der Heeresdienstvorschrift,* daß ein Soldat kühn zu sein habe, nicht tollkühn, für Haus und Herd. Gehen wir.

PFEIFFER: Ohne uns abzumelden?

CZYMEK: Nicht doch. Ich bin ja kein Militärverbrecher.

PFEIFFER: Der wird uns nicht weglassen. Der hat uns auf dem Strich.* — Ssst.

CZYMEK: Da wird er uns wegjagen müssen. — Paß auf.

Der Leutnant Faber kommt. Czymek nimmt keine Notiz.

LEUTNANT: Was ist? Wollen Sie nicht melden?

CZYMEK: Ich will, Herr Leutnant. Obergefreiter Czymek meldet, daß die zu verteidigende Stellung wie befohlen bezogen ist. Es ist allerdings nicht möglich, die Stellung durch einen vorgezogenen MG-Posten zu sichern, da dieser in dem flachen Gelände einzusehen und leicht zu kassieren ist.*

LEUTNANT: Meinen Sie?

CZYMEK: Jawohl, Herr Leutnant!

LEUTNANT: Sie haben ein Faible* für Strategie, wie mir scheint, Czymek?

CZYMEK: Das nicht. Mehr für Überleben, Herr Leutnant.

LEUTNANT: Da möchte ich aber vorschlagen, daß der Posten doch bezogen wird. Als Horchposten, ohne MG.

CZYMEK: Dann aber nicht weiter von hier als hundert Meter, Herr Leutnant.

LEUTNANT: Er wird in wenigstens dreihundert Metern von hier bezogen, und zwar von Ihnen beiden. Sie sind als Wagenführer abgelöst, Czymek. Sie werden von den Strapazen doch nicht zu ermüdet sein? — Sollten Sie mich diesmal besser verstanden haben?

CZYMEK: Jawohl, Herr Leutnant.

LEUTNANT: Da hat mal einer gesagt, daß eine große Schnauze nicht in einem großen Kopf sitzen muß, ein Weiser.

Der Leutnant entfernt sich. Czymek nimmt seine Sachen auf und die Kanister mit dem Hammelfleisch.

CZYMEK: Wie gesagt, gehen wir.

PFEIFFER: Ich glaube, von einem Walfisch verschlungen, kämst du heim mit einer Fischbratküche. Wer weiß, wozu alles gut ist. In Demidowo wären wir jetzt im Arsch. *

CZYMEK: Es ist nicht die Kunst eines Soldaten, einen falschen Befehl falsch auszuführen, so daß dieser zu einem richtigen wird für ihn, einem passenden, das ist Anpassungsfähigkeit, aber noch keine Kunst. Die Kunst der soldatenmäßigen Ausführung eines Befehls beginnt, wie du vielleicht gesehen hast, bei dessen Hervorrufung, * wozu es Kenntnisse braucht der menschlichen Seele in ihrer unergründlichen Verblödung. Es ist uns befohlen, uns flußaufwärts abzusetzen. Mach. Ich hole noch die Kaltverpflegung.

Licht und Projektion der linken Spielfläche erlöschen. Pfeiffer kommt ein paar Schritte nach vorn.

STAATSANWALT
   zu Pfeiffer: Das war eine ziemlich philosophische Haltung militärischen Befehlen gegenüber, nicht wahr?

PFEIFFER: Das ja. Da hatten wohl die meisten diese Haltung damals.

STAATSANWALT: Sie meinen, es war vergleichsweise normal, daß ein Soldat eine Angriffsorder nach seinem Ermessen ändert und sich einen Vorwand schafft, eine Stellung zu verlassen, wenn ihm die gefährlich scheint?

PFEIFFER: Vielleicht nicht normal, aber fast jeder hätte das so machen wollen. Es war ja auch nicht normal, für einen Schäferhund verheizt zu werden mit einem milchigen Leutnant, der vielleicht zuviel Walter Flex * gelesen hatte. Da war es vielleicht normal, daß eins * nicht verrecken wollte in diesem Wurstkessel und sich umschaut wie wegkommen * flußaufwärts.

STAATSANWALT: Und das machten Sie dann auch?

PFEIFFER: Ja. Denn es war ja klar, daß die Russen hinter die Brücke Sperrfeuer legen würden, wenn sie die fertig machten, womit ja jeder rechnete jeden Moment. Da haben wir uns umgesehen wie wegkommen und auch den Horchposten danach ausgesucht. Ja.

STAATSANWALT: Ist Ihnen bekannt geworden, Herr Pfeiffer, ob der General diese Brückenoperation besonders verfolgt hat, ob er sich darüber berichten ließ?

PFEIFFER: Ich weiß nicht. Da müßten Sie den General Rampf selber fragen.
   Das Zeugenfoto Pfeiffers erlischt. Pfeiffer geht ab.

RAMPF: Ich ließ mir nicht darüber berichten. Nicht speziell. Ich war immerhin Kommandeur einer Division. Mich beschäftigten andere Dinge, zum Beispiel wie ich — dem unsinnigen Haltbefehl entgegen — meine Division herausbringe, wenn die Russen die von mir erwartete Zangenoperation aus ihren Brückenköpfen ansetzten und uns umflügelten.

SCHWEIGEIS: Bekamen Sie keinen Lagebericht über Demidowo?

RAMPF: Ich bekam über alle Abschnitte Lagebericht, natürlich auch über Demidowo, aber es hatte keine Bedeutung für mich. Ich verbrachte die Nacht damit, mich auf die Begegnung mit Fahlzogen vorzubereiten. Es war manches zu bedenken. Manches, meine Herren. Ich fand kürzlich in meinem persönlichen Tagebuch eine Eintragung unter diesem Datum. Ich möchte sie zitieren. *Er liest:* ‚Die Verantwortung wird riesengroß. Hic Rhodus, hic salta.* Werden wir vor der Geschichte bestehen? Wird Europa sich besinnen oder untergehen? Die Geschichte hat in Kulturkreisen zu denken begonnen, und unsere Tragödie wird die Tragödie Europas sein. Gibt es eine Rettung? Morgen weiß ich mehr.' — Es waren andere Dimensionen, Herr Professor Schweigeis, so tragisch diese Brückenepisode menschlich ist, sie war nicht in meinem Gesichtskreis. Und das mag einem heutigen Antigeneralsaffekt* nützlich sein.

OBERSTAATSANWALT: Wir wollen weitergehen.

STAATSANWALT: Ich zitiere weiterhin den Zeugen Pfeiffer. Er berichtete —

Auf allen Projektionsflächen erscheint die Stellung am Fluß in der ersten Morgendämmerung. Es ist dichter Nebel. Die Projektion zeigt Soldaten, in Decken und Zeltplanen gehüllt, schlafend in Erdlöchern. Von Dreck verkrustet, sehen sie wie leblose Bündel oder wie Larven aus. Zeugenfoto Pfeiffer. Pfeiffer kommt auf die mittlere Spielfläche, ebenfalls dreckverkrustet.

PFEIFFER: Es war in der Nacht kalt geworden. Wir hatten uns in einer Mulde Schilf untergelegt gegen die Nässe und in Steppdecken gewickelt und wir schliefen. Als der Wind drehte, hatte ein Kadaver zu stinken angefangen, und wir fanden eine Kuh, die sich verreckend in ein Drainagerohr gezwängt hatte, und es war noch viel an ihr, was stinken konnte. Wir fragten uns, wie eine Kuh hier hinkommt und wie ein Drainagerohr, und wir schliefen. Es muß gegen sechs Uhr gewesen sein, als Czymek von einem undefinierbaren Geräusch aufwachte. Es fing an, hell zu werden. Auf dem Fluß und in der Ebene vor uns lag dichter Nebel. Czymek stieß mich an, und fragte: ‚He, Komiker, hörst du was?' Ich schob mir den Kopfschützer von den Ohren und horchte und schüttelte den Kopf. Da fing ein russisches SMG in unserem Rücken zu schießen an und gleich danach war die Hölle los.

Während des folgenden Berichts können auf allen Projektionsflächen in schnellem Rhythmus Bilder und Zeichnungen erscheinen, die Hölle einer heutigen Vernichtungsschlacht darstellend. Die Bilder laufen der Musik einer Schlacht synchron, mit den Mitteln der seriellen Musik sparsam hergestellt. Das ist vermutlich besser als eine Film- und Geräuschmontage.*

Die Russen waren nachts mit Pontons über den Sumpffluß gegangen und griffen mit Infanterie von beiden Seiten an. Sie bestrichen* die Brücke, die Böschung, den Fluß. Sie hielten mit Flammenwerfen zwischen die Musiker,* die rudelweise wie verstörte Kaninchen über die Brücke zu entkommen suchten, zurückfluteten und reihenweise von MG's erledigt wurden. Es stank nach Benzin, und die Schreie der Verwundeten und die Schreie der Ertrinkenden waren wie das Blöken einer brennenden Schafherde, in die Explosivgeschosse hineinfuhren und Pak. Ich versuchte, an das 2-cm-Geschütz heranzukommen, ich trat auf etwas Weiches, ich trat auf den Briefträger Paschke, dem die Schädeldecke abgerissen war. Ich hörte den Leutnant Befehle schreien und sah ihn und einige Soldaten die Böschung hinauflaufen und, von MG-Garben erfaßt, wieder herunterpurzeln. Ich klemmte mich in den Sitz und konnte das Geschütz nicht herumdrehen und suchte nach der Ursache und räumte den kleinen Schindler zur Seite, dessen Beine zwischen Drehkranz und Gestänge geraten waren. Ich riß mich von einem Mann los, der mich vom Geschütz wegzerren wollte, und kriegte ein paar Ohrfeigen und erkannte Czymek, der mich die Böschung herunterriß, flußaufwärts und in das Drainagerohr stopfte und ebenfalls hineinkroch. Da hörte sich das Bersten der Erde dumpfer an, und auch die Schreie waren dumpfer. Wir arbeiteten uns in das faule Fleisch des Kuhkadavers vor, das heiß war von Verwesung. Ich sah, daß Czymek noch immer ein Magazin mit Hammelfleisch bei sich hatte, und ich dachte: ‚Es ist komisch, daß ein Kadaver zu stinken aufhört, wenn man genug Angst hat.' Wir hörten, wie die Russen das Feuer auf den Fluß zu konzentrieren begannen, daß niemand wegkam, und wir hörten sie über die Brücke kommen. Wir kletterten aus dem Drainagerohr und krochen flußaufwärts den Weg, den wir in der Nacht inspiziert hatten. Der Gefechtslärm wurde dünner und Czymek sagte: ‚Wer jetzt noch nicht hin ist, der hat den Heldentod noch vor sich.' Da tauchten plötzlich drei Russen vor uns auf. Aus dem Nebel. Es war zu spät wegzulaufen. Sie kamen direkt auf uns zu. Wir robbten an ein Gebüsch, langten die Pistolen heraus und ließen uns bis zum Hals ins Wasser gleiten. Ein langer Sibirier schwenkte ein SMG auf Rädern wie eine Spielzeugkanone und schrie: ‚Hitler kaputt, Hitler kaputt, Hitler kaputt. — Frühstückspause.' Sie setzten sich keine zehn Schritte von uns entfernt und aßen und rauchten und zeigten große Ausdauer. Ich spürte meine Glieder nicht mehr in dem eiskalten Wasser, und ich fürchtete, die Besinnung zu verlieren. Ich sagte: ‚Was wird? Ich halte es nicht mehr aus.' Und Czymek: ‚Ich nehme den Langen und du den Asiaten mit dem spitzen Kopf.' Meine Hand zitterte vor Kälte und auch vor Aufregung. Wir schossen kurz nacheinander und Czymek schoß noch einmal. Wir stießen uns ab und versuchten durch den Fluß zu schwimmen, auf dem noch immer Nebel lag. Ihr MG fing erst zu feuern an, als wir fast drüben waren. Meine Beine schleppten mich eine Böschung hoch, ich fiel in eine Wasserlache, und ich verlor das Bewußtsein. Als ich aufwachte, vermißte ich Czymek. Ich kroch zurück und sah Czymek, der mit beiden Ellenbogen die Böschung heraufzurobben suchte und offenbar seine Beine nicht mehr gebrauchen konnte. Ich schleppte ihn in eine morastige Mulde, die von Sumpfgewächsen fast zugedeckt war.

Die linke Spielfläche wird erleuchtet. Die Projektion zeigt die Sumpfmulde. Czymek robbt in die Mulde, Pfeiffer hilft ihm. Die Szene wird nach Pfeiffers Bericht gespielt.

PFEIFFER: Er spuckte hellrotes Blut. Er hatte einen glatten Lungendurchschuß und eine Doublette mit Sprenggeschossen durch die linke Beckenseite abbekommen. Ich stopfte zwei große Verbandspäckchen hinein und hatte die Hände bis zu den Handwurzeln* voll Blut. Es kam stoßweise, und es war klar, daß die große Arterie zerfetzt war, und daß es aus war. Ich zog meinen nassen Mantel aus und schob ihn unter Czymeks Kopf. Ich schnitt ihm die Hosen auf und Czymek sagte:

CZYMEK: Hau ab,* Komiker. Es hat sich ausgeschissen.*

PFEIFFER: Es ist besser, wie ich gedacht hab. Wir müssen nur das Bein abbinden, verstehst du, das ist die Hauptsache. Da haben die schon ganz andere zusammengeflickt, Czymek.

CZYMEK
Pfeiffer zurückstoßend : Mach keine Fisematenten,* Komiker, laß mich, ich weiß, was mit mir los ist. Laß. Laß mir Zigaretten hier. Hast du noch Zigaretten?

PFEIFFER: Ja, ich glaube ja, aber sie werden hin sein.

Er kramt aus seinem Brotbeutel eine große blaue Packung, die sehr naß ist.

Nil, sechs Pfennig, die wir als Sonderzuteilung gekriegt haben.

CZYMEK: Du hast mich drum bescheißen wollen,* Komiker, nicht wahr, und jetzt rauch ich sie doch. Du hast sie deinem Alten zu Weihnachten schicken wollen, gibs zu, und jetzt rauch ich sie doch. — Steck mir eine an, das Feuerzeug ist in meiner rechten Hosentasche.

PFEIFFER: Ich holte das Feuerzeug heraus und fühlte, daß auch die ganze Tasche schon von Blut durchfeuchtet war. Ich zündete die Zigarette an und steckte sie Czymek in den Mund. Czymek atmete sehr flach, und er sah in die Wolken. Er zog an der Zigarette und unterdrückte einen Hustenreiz. Czymek bemühte sich genußvoll zu rauchen, und der Rauch kam aus dem Mund und aus dem offenen Pneumothorax.*

CZYMEK
nach einer Pause, abwesend : Quatsch nicht, Komiker, laß mich mit deinem dämlichen Gequatsche zufrieden! Warum, warum, warum! Warum ist kein Mausloch in einem Wolfsrachen? *Er singt :* Denk an die kleine Sardell', zu klein nicht, gefressen zu werden —

PFEIFFER: Du mußt jetzt nicht reden, Czymek, weil es dann mehr bluten tut, Czymek. Ich hab ja doch nichts gesagt, Czymek.

CZYMEK

leise, stoßhaft, mit langen Pausen dazwischen: Von einem Standpunkt aus ist die Sauerei hier gekommen, weil du den Jungen mit dem spitzen Kopf nicht getroffen hast, nicht wahr, diesen Asiaten. — Von einem anderen Standpunkt, weil wir uns nicht haben einbuchten lassen, wegen einem blöden Hund, nicht wahr, weil wir uns was ausgedacht haben. *Er singt:* Achte beim Netz auf die Lücke, auch wenn du ein kleiner Fisch bist — — Von einem dritten Standpunkt aber, weil wir uns nicht früh genug was ausgedacht haben.

PFEIFFER: Was hätten wir uns denn ausdenken sollen, Czymek? Du mußt jetzt ganz still liegen, Czymek.

CZYMEK: Ja, was? Ich war ein Zirkusarbeiter, als du dir noch die Hosen bedreckt hast, und arbeitslos, als diese schnurrbärtige Laus* kam, die bezahlte. Und jetzt hab ich eine Schaubude. Die Juden sind unser Unglück! Und hoch das Bein! * Die Ukraine, die brauchen wir — jaaa! — und die Kolonien und den Kaukasus und eine neue Ordnung,* die brauchen wir auch in der Schaubude, heil ! — *er singt delirierend:* Wenn der Fluß nicht anders durchschritten werden kann als über Leichen, mußt du der Letzte sein. Gib mir Hammelfleisch, Babuschka, mit Muskat, mit Knoblauch angerieben, heiß — heiß — da könnt ihr mal was erleben — gib mir das Filetstück, mit Kapern, mit viel Kapern und Meerrettich — gib — gib —

PFEIFFER: Ja doch, Czymek. Du kriegst, Czymek.

CZYMEK: Gib —

PFEIFFER: Und ich erinnerte mich der eisernen Ration* in meinem Brotbeutel und öffnete die kleine Zinnbüchse Schweinefleisch mit dem Seitengewehr und richtete Czymek auf und gab ihm den Batzen Schweinefleisch in die Hände, die eine schwarze Kruste hatten von Morast und Blut.

CZYMEK

gierig mit den Händen essend: Mehr — mehr —

PFEIFFER: Ich sah Czymek das Fleisch in sich hineinstopfen, und ich sah das Blut aus Czymek herauslaufen, und ich hatte nie gedacht, daß ein Mensch soviel Blut haben könnte. Ich sah, daß es Czymek schmeckte, und daß er essend vornüberfiel, und daß Czymek tot war. Ich dachte an die alte Frau, die sich getäuscht hatte, und ich dachte an den General, der gesagt hatte: ,Sie werden an diesen Befehl denken. Sie werden an mich denken.' Und ich war vermutlich jetzt der einzige, der an ihn denken konnte. Ich sah auf den dunklen, gallertartigen Blutkuchen, der aus Czymek herausgelaufen war, und der immer noch größer wurde, obwohl Czymek tot war. Und ich dachte, daß es notwendig wäre, mit Czymek dem General gegenüberzustehen. Ich wälzte Czymek auf den

Mantel, ich band den Traggurt darum, und ich befestigte das Koppel so, daß ich ihn hinter mir herziehen konnte. Ich zerrte Czymek aus der morastigen Mulde und schleppte mich mit ihm durch den Sumpf des anderthalb Kilometer breiten Niemandslandes nach Demidowo.

Pfeiffer verschwindet, Czymek hinter sich herziehend, im Dunkeln.

Licht und Projektion der linken Spielfläche erlöschen mit dem Foto des Zeugen Pfeiffer.

STAATSANWALT: Soweit. Ich möchte Sie an dieser Stelle um eine Ergänzung bitten, Herr Rampf.

RAMPF: Gern.

STAATSANWALT: Es geht mir um den Komplex Fahlzogen, um Ihre Zusammenkunft mit Oberst Fahlzogen in Demidowo, die in meinem Bericht naturgemäß fehlt.

RAMPF: Aber es ist nicht das einzige, was Ihrem Bericht fehlt, Herr Staatsanwalt.

STAATSANWALT: Sicherlich nicht.

RAMPF: Das meine ich.

SCHWEIGEIS: Sie sagten, daß Sie die Begegnung nach Ihrer Erinnerung aufgezeichnet hätten, glaube ich.

RAMPF: Ja. Sinngemäß.

SCHWEIGEIS: Und nach dem Kriege.

RAMPF: Das sagte ich, Herr Professor Schweigeis.

Er geht auf die mittlere Spielfläche, die erleuchtet wird. Die Projektion zeigt einen fensterlosen Kellerraum, den Kompaniegefechtsstand in Demidowo. Bühnenhelfer bringen einige Kisten herein. Ein Stück Treppe, das in den Keller führt. Der General zieht seinen Mantel an. Zeugenfoto Rampf. Der Darsteller des Oberst Fahlzogen, ein eher kleiner Mann mit dem Habitus eines Gelehrten, kommt ebenfalls auf die Spielfläche, setzt sich auf eine der Kisten und zündet sich eine Zigarre an.

Es war ein Gespräch, an das ich nicht ohne Bewegung zurückdenken kann. Es betraf die Schicksalsfragen unserer Nation und die furchtbare Verantwortung, in der wir uns gemeinsam sahen. Wir sprachen offen, ohne Bandagen,* ohne Umschweife.*

SCHWEIGEIS: Ich nehme an, daß Sie sich der gegenseitigen Diskretion versicherten?*

RAMPF: Das war unter Generalstabsoffizieren nicht üblich, es verstand sich von selbst. Fahlzogen überbrachte mir persönliche Grüße von Beck und Tresckow.

SCHWEIGEIS: Was war der Ausgangspunkt Ihres Gesprächs?

RAMPF: Die allgemeine Kriegslage. Fahlzogen erbat meine Einschätzung, und ich gab sie an Hand meiner gründlichen Analyse. Sie war vernichtend, vernichtend auch in der Kritik an der obersten Heeresführung, und ich schloß mit der Folgerung —

Er setzt sich auf eine der Kisten und wendet sich an Fahlzogen :

In Erwägung, daß soldatische Gehorsamspflicht ihre Begrenzung im Wohle der Nation findet, müssen unverzüglich alle gewöhnlichen und außergewöhnlichen Wege beschritten werden, die drohende militärische Katastrophe abzuwenden. Jeder versäumte Tag ist für unser deutsches Vaterland eine verlorene Schlacht und für den verantwortungsvollen Truppenführer die sinnlose Opferung ihm anvertrauter Soldaten. Ich nehme an, daß wir darin übereinstimmen, Herr Fahlzogen.

FAHLZOGEN: Deshalb bin ich hier. Ich bin gebeten, in Erfahrung zu bringen, ob mit Ihnen im Ernstfall zu rechnen ist, Herr Rampf ?

RAMPF: Was darf ich unter Ernstfall verstehen, Herr Fahlzogen ?

FAHLZOGEN: Die Beseitigung Hitlers und die Übernahme der Regierungsgewalt durch die Armee.

RAMPF: Gewaltsam ?

FAHLZOGEN: Entwaffnung der SS und hitlertreuer Verbände. Wiederherstellung eines deutschen Rechts- und Ordnungsstaates. Eintritt in Verhandlungen um einen ehrenvollen Frieden im Rahmen der alten Reichsgrenzen.*

RAMPF: Mit welchen realen Kräften soll das ermöglicht werden ?

FAHLZOGEN: Mit unseren. Dem Handeln traditionsbewußter Führungskräfte, die der Nation vorangehen.

RAMPF: Ich bin zu alt, um mich von Wünschen leiten zu lassen.

FAHLZOGEN: Es sind die Wünsche eines blutbefleckten Landes.

RAMPF: Es sind auch meine Wünsche. — Aber der Staatsstreich ist eine Technik, bestimmte Realitäten, bestimmte Kräfte voraussetzend, und wenn die nicht da sind, dann ist der Bürgerkreig da, mit militärischem Chaos beginnend und endend mit einem Deutschland unter der Knute bolschewistischer Kommissare ! — Verstehen Sie mich nicht falsch, aber ich kenne die Realität, die Zusammensetzung des Offizierskorps, die allgemeine Feigheit —, und das ist der Grund, warum ich vor dem Weg der Gewalt, bei aller ideellen Sympathie,* warnen muß, solange nicht alle weniger verzweiflungsvollen Mittel erschöpft sind.

FAHLZOGEN: Welche Mittel sollen sich erschöpfen, Herr Rampf ?

RAMPF: Die legalen. Hitler muß durch die gemeinsame Forderung aller Heeresgruppenführer veranlaßt werden, der Führung der drei Wehrmachtsteile zu entsagen und diese einem Generalkommando übertragen. Dann ist alles weitere, die Bildung einer verhandlungsfähigen Regierung inklusive, eine Frage des militärischen Befehlsvollzuges.*

FAHLZOGEN: Ja. Nur wird das auch Hitler klar sein. Er wird die fordernden Heeresgruppenführer erschießen lassen.

RAMPF: Dann ist der Weg des Verrats von ihm beschritten! Dann ist Ihr Weg frei.

FAHLZOGEN: Zum Galgen, Herr Rampf. Die Initiative wird dann bei Hitler sein.

RAMPF: Ich bin nicht Ihrer Ansicht, und ich darf Sie bitten, meine Anregung an die Männer weiterzuleiten, denen ich mich in tiefer Sorge für unser Deutschland verbunden weiß.

Die beiden Herren stehen auf. Der General sieht dem Obersten tief ins Auge und drückt ihm bewegt die Hand. In diesem Augenblick hört man von draußen Lärm, Stimmen, jemand kommt die Kellertreppe herunter. Die beiden Herren erschrecken. Das projizierte Zeugenfoto Rampf wird durch das Zeugenfoto Pfeiffer ersetzt.

STIMME DES PFEIFFER: Ich muß zum General!

STIMME DES POSTENS: Zurück!

STIMME DES PFEIFFER: Wo ist der General Rampf!

Pfeiffer erscheint auf dem Treppenabsatz, das unerkennbare Bündel mit dem toten Czymek hinter sich herzerrend. Der Posten, der Fahrer des Generals, folgt ihm mit gezogener Pistole.

RAMPF: Sind Sie wahnsinnig geworden, hier herumzugrölen? Was wollen Sie?

Pfeiffer antwortet nicht. Er packt das dreckverkrustete Bündel und wirft es die Treppe hinunter, vor die Füße des Generals.

Was Sie wollen, Mensch!

PFEIFFER: Wir wollen uns bei Ihnen melden, Herr General! Wir kommen von der Brücke! Soldat Pfeiffer und Obergefreiter Czymek melden sich von der Brücke!

RAMPF
verständnislos : Und?

PFEIFFER
die Stufen herunter auf den General zugehend : Soldat Pfeiffer und Obergefreiter Czymek melden sich befehlsgemäß verreckt* von der Brücke!

RAMPF
schreit ihn zusammen : Von welcher Brücke, Sie Idiot! Welcher Truppenteil! Sie sind hier beim Militär und nicht bei der Heilsarmee! Nehmen Sie Haltung an! Schnauze.* Sie gehen in Ihre Stellung zurück und melden sich bei Ihrem Vorgesetzten! Sonst lasse ich Sie wegen Feigheit vor dem Feind an die Wand stellen! Verstanden! Ob Sie mich verstanden haben!

PFEIFFER
begreifend, daß sich der General weder an ihn, noch an Czymek, noch an die Brücke erinnert : Jawohl, Herr General.

RAMPF: Abtreten! Raus! *Auf das Bündel zeigend:* Nehmen Sie den Dreck raus! *Zu dem Posten:* Anfassen, Schubert.

PFEIFFER: Jawohl, Herr General.

Er hebt mit dem Fahrer das Bündel auf, und sie verschwinden damit über die Treppe.

RAMPF: Ich bitte um Entschuldigung, Herr Fahlzogen.

FAHLZOGEN: Keine Ursache.

RAMPF: Es ist das einzige Mittel, einen Knaben mit einem hysterischen Frontkoller* zur Raison zu bringen. Wracks, Nervenbündel, man kann es den Jungs nicht verdenken.*

FAHLZOGEN: Nein. — Ich darf mich dann verabschieden.

RAMPF: Auf Wiedersehen, Fahlzogen. Ich wünsche Ihnen Glück, Ihnen und unserer ehrenhaften Sache.

Er reicht Fahlzogen die Hand. Fahlzogen lächelt bitter. Das Licht und die Projektion der mittleren Spielfläche erlöschen. Pfeiffer erscheint in einem Scheinwerfer.

PFEIFFER: Ich nahm Czymek die Erkennungsmarke ab und das Soldbuch und meldete mich bei dem österreichischen Infanteriehauptmann. Ich bekam ein paar trockene Klamotten, Zigaretten und auch eine neue Büchse Schweinefleisch. — Der General hatte uns nicht erkannt. Er hatte uns nicht einmal erkannt, Herr Staatsanwalt.

Pfeiffer geht ab.

STAATSANWALT: Das wäre mein Bericht, meine Zusammenstellung aus den Vorermittlungen. Wenn es notwendig ist, kann ich über weitere Zeugenaussagen referieren.

OBERSTAATSANWALT: Schön.

Zu Rampf: Wir können eine Pause machen.

RAMPF: Nicht wegen mir. Ich würde gern den Abendzug erreichen.

OBERSTAATSANWALT: Dann setzen wir fort. Wie wollen wir verfahren? Wünschen Sie sich zu dem Bericht zu erklären?

ANWALT: Ich denke, wir können uns darauf beschränken, Fragen zu beantworten.

OBERSTAATSANWALT: Einverstanden. Ich habe mir hier einen Punkt notiert, Herr Rampf, der mir nicht befriedigend geklärt scheint, das ist die Frage der militärischen Notwendigkeit dieser Brückenoperation. Sie wird von den Zeugen bestritten, und auch Sie scheinen sie zu verschiedenen Zeiten verschieden beurteilt zu haben?

RAMPF: Nein. Sie war eindeutig sinnlos. Darüber gibt es keinen Streit.

OBERSTAATSANWALT: Aber Sie ordneten die Operation an?

RAMPF: Ja.

OBERSTAATSANWALT: Obwohl sie von Ihnen für militärisch sinnlos gehalten wurde?

RAMPF: Das ist richtig.

OBERSTAATSANWALT: Was waren Ihre Gründe?

RAMPF: Sie wurde mir befohlen.

OBERSTAATSANWALT: Von wem?

RAMPF: Von der Armee, von Generaloberst Karrdorst.

OBERSTAATSANWALT: Was war dessen Funktion?

RAMPF: Er kommandierte die Armee, der meine Division angehörte.

OBERSTAATSANWALT: Spielte die Operation für das Gesamtgeschehen im Armeebereich eine Rolle?

RAMPF: Nein.

OBERSTAATSANWALT: Warum schaltete er sich dann ein?

RAMPF: Die Brücke war zu einem Präzedenzfall geworden. Ich habe berichtet, daß ich mich der Operationsabteilung des Korps gegenüber geweigert hatte, meine Kräfte an den Brückenkopf heranzuziehen und die besagte Brücke besetzen zu lassen. Der Chef der Operationsabteilung hatte sich über mich beschwert, so wurde ich von Karrdorst angerufen.

OBERSTAATSANWALT: Stellte er sich auf dessen Seite?

RAMPF: Es blieb ihm nichts anderes übrig. Die Geschichte war von dem Chef der Operationsabteilung zu einer Entscheidung für oder gegen die Linie des Führerhauptquartiers gemacht worden, die Karrdorst innerlich ebenfalls für falsch hielt.

SCHWEIGEIS: So daß eigentlich wieder Hitler die sechzig Leute schlachten ließ.

RAMPF
kühl: Wenn Sie so wollen, ja, Herr Professor Schweigeis. *Er wendet sich an den Oberstaatsanwalt.* Eine Bagatelle war zu einer Prinzipienfrage geworden, und Karrdorst wollte die Sache nicht hochspielen.* Deshalb riet er mir, wenigstens in der Brückensache nachzugeben, als ein Kompromiß quasi.

SCHWEIGEIS: Riet er Ihnen —

OBERSTAATSANWALT: Ich bin mit meinen Fragen leider nicht fertig.

SCHWEIGEIS: Verzeihung.

OBERSTAATSANWALT: War das ein Rat, der Ihnen die Entscheidung frei ließ, oder kam das einem Befehl gleich?

RAMPF: Er riet mir dazu, aus taktischen und auch freundschaftlichen Erwägungen, und ich sagte, daß ich seinem Rat folgen wolle, wenn er mir das befehle. Da befahl er mir, seinem Rat zu folgen.

OBERSTAATSANWALT: Meinen Sie, daß er von dem Charakter der Operation eine Vorstellung hatte?

RAMPF: Vermutlich keine detaillierte, es ging für ihn in diesen Tagen immerhin um die Frage, wie er seine Armee rettet.

OBERSTAATSANWALT: Klärten Sie ihn über die Gefährlichkeit der Operation auf?

RAMPF: Es war ein Ein-Minutengespräch, aber ich sagte ganz klar, daß ich die militärische Verantwortung dafür nicht selbst tragen könne.

OBERSTAATSANWALT: Er gab Ihnen den eindeutigen Befehl, diese bestimmte Brücke besetzen zu lassen?

RAMPF: Er gab mir den Befehl, seinem Rat zu folgen.

OBERSTAATSANWALT: Sein Rat war, die Brücke besetzen zu lassen?

RAMPF: Ja.

ANWALT

ein Dokument überreichend: Wir legen der Kommission ein erstes Dokument vor, in dem der Generaloberst Karrdorst diesen Zusammenhang schildert und dessen Richtigkeit an Eidesstatt* erklärt.

Der Oberstaatsanwalt reicht das Schriftstück an Dr. Fillisch und Schweigeis weiter. Die Erklärung beweist den Befehlsnotstand.*

OBERSTAATSANWALT: Wann wurden Sie von Generaloberst Karrdorst angerufen? Vor oder nach dieser Hundegeschichte?

RAMPF: Ich bin nicht sicher, ich glaube danach, aber ich weiß es nicht. Die beiden Sachen hatten für mich keinen Zusammenhang. Das eine war eine Disziplinargeschichte, die ich in der ungeheuren Anspannung dieser Tage vergaß, das andere war ein operativer Befehl, dem ich nicht ausweichen konnte. Es ist von dem Zeugen Pfeiffer ganz zutreffend geschildert worden, daß ich ihn später nicht einmal wiedererkannte. Die Episode war in meiner Erinnerung gelöscht. Sie hatte auch nie die Wichtigkeit für mich, die ihr der Bericht zumißt. Es gab keinen Zusammenhang.

OBERSTAATSANWALT: Es wurde berichtet, Herr Rampf, daß Sie zu den beiden Soldaten gesagt hätten — *er liest* — ‚Sie werden an diesen Befehl denken. Sie werden an mich denken.' War das nicht als eine Drohung zu verstehen?

RAMPF: Ich weiß nicht, ob ich das oder etwas Ähnliches gesagt habe. Es war dann jedenfalls eine Floskel.

OBERSTAATSANWALT: War es nicht Ihre Absicht, die beiden Soldaten auf andere Weise zu bestrafen?

RAMPF: Ich glaube nicht, ich erinnere mich nicht. Keinesfalls mit einem Einsatz.* Ich hätte eine derartige Überlegung bereits für unehrenhaft gehalten.

OBERSTAATSANWALT: Ich möchte fragen, Herr Rampf, ob der Befehl von Generaloberst Karrdorst bestimmte Anweisungen für dessen Durchführung enthielt.

RAMPF: Nein.

SCHWEIGEIS: Das blieb Ihnen überlassen?

RAMPF: Der Division, ja.

SCHWEIGEIS: Und die Division wählte dazu gerade jene drei frisch zurückbeorderten Panzerwagen aus, denen der Mann zugehörte, der wenige Stunden zuvor Ihren Hund erschossen hatte, und den Sie nicht bestrafen konnten. Ist das nicht ein etwas merkwürdiger Zufall?

RAMPF: Nein.

SCHWEIGEIS: Sie finden das nicht merkwürdig?

RAMPF: Der Befehl konnte nur von einer motorisierten Einheit ausgeführt werden, und außer den drei Panzerwagen verfügte die Division nur noch über eine Abteilung Sturmgeschütze und eine Abteilung Panzergrenadiere, die beide unentbehrlich waren, wenn wir die Division aus der von mir erwarteten Umflügelung kriegen wollten. Es war der objektiv geringe Kampfwert der Einheit, der den Ausschlag gab.* Übrigens für Oberstleutnant Houth, meinen zeitweiligen Operationschef, nicht für mich.

SCHWEIGEIS: Schlugen Sie ihm denn eine andere Truppe vor?

RAMPF: Ich schlug gar nichts vor. Ich rief ihn an und sagte, daß wir auf Befehl des Korps nun doch diese blödsinnige Brücke sowieso besetzen müßten. Er sagte, daß er die drei ausgelutschten* Panzerwagen dazu brauchen wolle. Das war alles.

ANWALT
  ein Dokument überreichend: Wir legen der Kommission ein zweites Dokument vor, in dem der ehemalige Oberstleutnant Houth diesen Vorgang nach seiner besten Erinnerung beschreibt und seine damalige Verantwortlichkeit für den Einsatz der drei Panzerwagen erklärt.
  Der Oberstaatsanwalt reicht das Schriftstück den anderen Kommissionsmitgliedern. Die Erklärung widerlegt die These von den persönlichen Motiven meines Mandanten.

OBERSTAATSANWALT: Gibt es noch Fragen?

SCHWEIGEIS: Können Sie der Kommission schildern, Herr Rechtsanwalt, auf welche Weise die beiden von Ihnen vorgelegten Zeugnisse zustande kamen?

ANWALT: Sie kamen durch den Brief der Kommission zustande. Wir machten die Herren mit dem Inhalt bekannt und baten sie, dazu Stellung zu nehmen.

SCHWEIGEIS: Schickten Sie ihnen Kopien des Briefes zu?

ANWALT: Nein. Ich besuchte sie.

SCHWEIGEIS: Erklärten Sie, worauf es bei den Stellungnahmen ankäme?

ANWALT: Nein. Das war überflüssig.

SCHWEIGEIS: Formulierten Sie die Erklärungen?

ANWALT: Nein.

SCHWEIGEIS: Halfen Sie hinsichtlich gewisser juristischer Stilisierungen?

ANWALT: Das natürlich.

SCHWEIGEIS: Von wem wurde der Text geschrieben?

ANWALT: Von meiner Sekretärin.

SCHWEIGEIS: Wer diktierte ihn?

ANWALT: Ich selbst.

SCHWEIGEIS: In beiden Fällen?

ANWALT: Ja.
  Ich diktierte die von den beiden Herren abgegebenen Erklärungen in-
  haltlich sinngetreu in ihrer Anwesenheit und ohne ihre beste Erinnerung
  in irgendeiner Weise zu interpretieren.

SCHWEIGEIS: Wie alt ist Generaloberst Karrdorst, Herr Rechtsanwalt?

ANWALT: Ist diese Frage zulässig, Herr Vorsitzender?

OBERSTAATSANWALT: Warum wird die Frage gestellt?

SCHWEIGEIS: Für das Protokoll.

OBERSTAATSANWALT: Sie ist zugelassen.

SCHWEIGEIS: Wie alt ist Generaloberst Karrdorst?

ANWALT: Fünfundachtzig Jahre.

SCHWEIGEIS: Und er erinnerte sich der genauen Zusammenhänge eines
  Ein-Minuten-Gesprächs ohne jede Erinnerungshilfe?

ANWALT: Ja. So ärgerlich das sein mag.

SCHWEIGEIS: Es ist nicht ärgerlich, Herr Rechtsanwalt, es wundert mich
  nur, daß dieser wichtige Befehl in der Vorermittlung nirgends aufgetaucht
  ist. Ich möchte Herrn Dr. Fillisch fragen, wie sich das erklärt.

STAATSANWALT: Er ist neu für mich. Er wurde von keinem Zeugen der
  Voruntersuchung angeführt.

SCHWEIGEIS: Es findet sich auch in den unberücksichtigt gebliebenen
  Aussagen kein Hinweis?

STAATSANWALT: Nein.

SCHWEIGEIS: Auch in der Aussage des damaligen Adjutanten, des Hauptmann Vorderwühlbecke nicht?

STAATSANWALT: Nein.

SCHWEIGEIS: Welche Gründe wurden von ihm für diesen Einsatz gegeben?

STAATSANWALT

nachblätternd: Ich fragte ihn: ‚Ist dieser Einsatz nach Ihrer Meinung ganz oder teilweise aus persönlichen Motiven befohlen worden?'

Er sagte:

Auf der mittleren Spielfläche erscheint der Erste Adjutant in Zivil.

ERSTER ADJUTANT: Nein. Ausgeschlossen. Es war lagebedingt notwendig, die Moral dieser Truppe durch geeignete Maßnahmen wiederherzustellen. Ihr Zustand war dem einer Strafeinheit * vergleichbar. Es waren Erwägungen der Truppenführung, die den General veranlaßten, der Einheit die Möglichkeit einer Bewährung durch einen schwierigen Einsatz zu geben. General Rampf hätte gegen die historische Tradition seines Berufsstandes als Offizier verstoßen, wenn er nicht mit allen ihm zu Gebote stehenden Mitteln gegen die Zersetzungserscheinungen vorgegangen wäre.

SCHWEIGEIS: Ist es eine faire Feststellung, Herr Rampf, daß Ihrem persönlichen Adjutanten der Befehlsnotstand und die Verantwortlichkeit des Oberstleutnant Houth unbekannt geblieben sind?

RAMPF: Es scheint so. Warum sollte ich ihn unterrichten? Die Sache war für mich mit der telefonischen Übermittlung an Oberstleutnant Houth erledigt.

SCHWEIGEIS: Wäre sie auch erledigt gewesen, wenn sich in dieser Einheit Ihr Sohn befunden hätte?

RAMPF: Das ist eine hypothetische Frage. Ich wurde nicht mit ihr konfrontiert.

SCHWEIGEIS: Ich möchte Sie jetzt damit konfrontieren.

RAMPF: Ich kann die Frage nicht beantworten. Es gehörte zu meinen Prinzipien, weder einen Sohn noch einen nahen Verwandten unter meinem Kommando zu haben.

SCHWEIGEIS: Warum?

RAMPF: Um Konflikte zwischen wesensverschiedenen Pflichten zu vermeiden. Eine Division besteht nicht aus Söhnen.

SCHWEIGEIS: Nicht aus eigenen, Herr Rampf.

RAMPF: Herr Vorsitzender, ich bin es nicht gut gewöhnt, in dieser ehrenrührigen Weise befragt zu werden. Der Generaloberst Karrdorst hat der Kommission den tatsächlichen Befehlsnotstand dargelegt und der Oberstleutnant Houth seine Verantwortlichkeit für die Durchführung des Befehls. Ich glaube, ich kann nicht mehr für Sie tun. *Er steht auf.* Ich danke Ihnen.

6

SCHWEIGEIS: Ich habe noch Fragen, Herr Vorsitzender.

OBERSTAATSANWALT: Ich muß Sie bitten, Herr Rampf, die Fragen der Kommissionsmitglieder weiter zu beantworten. *Der Anwalt flüstert Rampf etwas zu und dieser setzt sich wieder.* Und ich ersuche die Kommissionsmitglieder, sich auf sachlich notwendige Fragen zu beschränken. Es hat sich kein Grund ergeben, die Aufrichtigkeit der vorgelegten Erklärungen in irgendeiner Weise zu bezweifeln, und es sollte das nicht weiter versucht werden.

SCHWEIGEIS: Ich möchte eine Frage zu Oberstleutnant Houth* stellen.

OBERSTAATSANWALT: Hinsichtlich dessen Erklärung?

SCHWEIGEIS: Nein.

OBERSTAATSANWALT: Bitte.

SCHWEIGEIS: Welche Funktion hatte Oberstleutnant Houth?

RAMPF: Er leitete die Operationsabteilung.

SCHWEIGEIS: Leitete er sie in der fraglichen Zeit?

RAMPF: Ja.

SCHWEIGEIS: Eine Frage zu Ihrem Gespräch mit Fahlzogen: Was war das Ergebnis Ihrer Zusammenkunft?

RAMPF: Wie meinen Sie das?

SCHWEIGEIS: Sie fanden Fahlzogens Vorstellungen ziemlich unrealistisch, nicht wahr?

RAMPF: Ja. Deshalb meine Anregung, zuvor den gemeinsamen Appell der Heeresgruppenführer an Hitler zu wagen.

SCHWEIGEIS: War das eine Form, Ihre Absage zu präsentieren? Wurde das von Fahlzogen so verstanden?

RAMPF: Das kann ich mir nicht denken. Wir erörterten verschiedene Wege, verschiedene Phasen zu einem gemeinsamen Ziel. Der Widerstand gegen Hitler war für mich keine Form.

SCHWEIGEIS: Fahlzogen durfte der Ansicht sein, mit Ihnen im Ernstfall rechnen zu können?

RAMPF: Im Prinzip natürlich.

SCHWEIGEIS: Blieb er mit Ihnen in Verbindung?

RAMPF: Nein. Der sogenannte Plan ‚Walküre‘ * wurde bekanntlich fallengelassen, und am 20. Juli 1944 war ich, wie schon gesagt, in Rumänien eingekesselt.

SCHWEIGEIS: Machten Sie irgend jemandem von der stattgehabten Zusammenkunft mit Fahlzogen Mitteilung?

RAMPF: Damals?

SCHWEIGEIS: Ja.

RAMPF: Nein.

SCHWEIGEIS: Bis Kriegsende?

RAMPF: Dienstlich?

SCHWEIGEIS: Ja.

RAMPF: Nein.

SCHWEIGEIS: In diesem Punkt sind Sie Ihrer Erinnerung sicher?

RAMPF: Ja.
Wenn es so etwas wie sichere Erinnerungen gibt.

SCHWEIGEIS: Ich glaube, Sie erwähnten, Herr Rampf, daß Sie aus dem Kessel in Rumänien ausgeflogen wurden.

RAMPF: Richtig. Auf OKH*-Befehl, gegen meinen Wunsch.

SCHWEIGEIS: Haben Sie einen Anhalt,* wann das gewesen sein kann?

RAMPF: Warten Sie. Es sind immerhin siebzehn Jahre her. Es muß im August gewesen sein, jedenfalls nach dem rumänischen Putsch. Der Verrat des rumänischen Königs, der sich mit den Sowjettruppen in Verbindung setzte, war am 1. August 1944. Einige Zeit danach.

SCHWEIGEIS: Können Sie sagen, wie dieses Protokoll, datiert vom 21. Juli 1944 in Königsberg, zustande gekommen sein mag? *Er reicht Rampf eine Fotokopie.*

RAMPF
nach einer Pause : Keine Ahnung.
Er reicht die Fotokopie seinem Anwalt.

SCHWEIGEIS: Halten Sie es für möglich, Herr Rampf —

ANWALT: Herr Vorsitzender, ich erhebe Einspruch gegen den Versuch, ein möglicherweise fabriziertes Schriftstück einer in Nürnberg als verbrecherisch klassifizierten Organisation* in diese Untersuchung als Material einzuführen. Das Schriftstück steht in keiner Beziehung zu dem Gegenstand der Untersuchung, und ich kann in dessen Vorlage nur die Absicht der politischen Diskriminierung durch ein Mitglied der Kommission sehen.

SCHWEIGEIS: Ich werde die Beziehung zum Gegenstand der Untersuchung nachweisen, Herr Rechtsanwalt.

ANWALT: Ich protestiere gegen diese Verfahrensweise!

OBERSTAATSANWALT: Meine Herren, um was für ein Schriftstück geht es?

SCHWEIGEIS: Um ein Protokoll der —

ANWALT: Herr Vorsitzender, ich beantrage, die Zulässigkeit dieses Schriftstücks außerhalb des Protokolls zu erörtern.

OBERSTAATSANWALT: Wir wollen das Protokoll für ein paar Minuten aussetzen.

Der Protokollant setzt das Protokoll aus.

SCHWEIGEIS: Es geht um ein Protokoll der Gestapoleitstelle Königsberg vom 21. Juli 1944, aus dem hervorgeht, daß Herr Rampf, seiner Aussage entgegen, erstens tatsächlich bereits am 21. Juli 1944 in Königsberg war, daß Herr Rampf, seiner Aussage entgegen, zweitens am 21.7.1944 von einem Major Dr. S., der Stadtkommandantur Königsberg angehörig, zum 20. Juli-Putsch dienstlich gehört wurde, und Oberst Fahlzogen schwer belastete,* daß Herr Rampf, seiner Aussage entgegen, drittens bereits im Oktober 1943 eine dienstliche Meldung über die Kontaktaufnahme Fahlzogens abgegeben hat, und zwar gemeinsam mit Oberstleutnant Houth, daß schließlich viertens Oberstleutnant Houth, seiner Erklärung und der Aussage des Herrn Rampf entgegen, zur Zeit der Brückenoperation im Oktober 1943 nicht Chef der Operationsabteilung der Division, sondern deren I c* war.

RAMPF: Warum soll ein I c nicht zeitweilig auch Operationschef sein? Er war es.

SCHWEIGEIS: Nach dem Gewährsmann der Gestapo haben Sie damals erklärt —

ANWALT: Herr Vorsitzender, ich beantrage, die Echtheit dieses ominösen Protokolls nachzuweisen, ehe es hier verlesen wird.

SCHWEIGEIS: Ich kann Ihnen da mit einem Tonband dienen, Herr Rechtsanwalt. *Er entnimmt seinem Material ein Tonband und legt es auf einen Bandapparat.*

OBERSTAATSANWALT: Was ist das?

SCHWEIGEIS: Das Tonband, wonach das Protokoll angefertigt wurde.

ANWALT: Tonbänder sind manipulierbar!

SCHWEIGEIS: Wie jedes andere Dokument, Herr Rechtsanwalt.

ANWALT: Herr Vorsitzender, ich protestiere, daß manipuliertes Gestapomaterial hier zugelassen wird!

SCHWEIGEIS: Ich glaube, wir erörtern, ob es zugelassen werden soll. Dazu muß es wohl gehört werden.

OBERSTAATSANWALT: Wir wollen es außerhalb des Protokolls hören und danach über seine Zulässigkeit beschließen.

SCHWEIGEIS: Danach hat Herr Rampf am 21.7.1944 der Gestapo erklärt: *Er bringt das Tonband in Gang.*

Tonband:

STIMME DES GENERALS RAMPF: Im Oktober 1943 hatte ich ein Gespräch mit Oberst Fahlzogen über Fragen der Winterausrüstung. Das

Gespräch wurde von meinem Divisionspfarrer Schlievland vermittelt. Fahlzogen war im Auftrag der Heeresinspektion Ost unterwegs. Zu meiner Verwunderung brachte er das Gespräch auf die allgemeine Kriegsführung und kritisierte sie auf eine unsachliche und sarkastische Weise. Als er schließlich von wünschenswerten und möglichen Friedensverhandlungen sprach, entgegnete ich ziemlich grob, daß ich mir ein Europa weder im Würgegriff New Yorker Bankjuden noch unter der Knute bolschewistischer Kommissare entfernt vorstellen* wolle, und daß ich das Gespräch als ein nichtgeführtes ansehe. Ich hielt es aber für meine Pflicht, noch am gleichen Tage meinen I c, Oberstleutnant Houth, zu unterrichten, und mit diesem gemeinsam den Vorfall dem Generalstabschef der Heeresgruppe Mitte, v. Tresckow, zu melden. Ich konnte nicht annehmen, daß Tresckow die Meldung unterschlägt,* weil er an dem verbrecherischen Komplott gegen die deutsche Ehre selbst beteiligt war. Ich muß nicht betonen, wie tief mein Abscheu ist.

SCHWEIGEIS: Ist es möglich, Herr Rampf, daß Sie das erklärt haben?

RAMPF: Ich erinnere mich nicht. Sicher nicht der Gestapo gegenüber.

SCHWEIGEIS: Einem Major Dr. S.?

RAMPF: Ich kenne keinen Major Dr. S., aber es ist denkbar, daß ich irgendeinem schnüffelnden Nazi-Offizier ein führertreues Ammenmärchen* aufgetischt habe, das er unbemerkt aufgenommen und weitergegeben hat. Fahlzogen war verhaftet, von Tresckow war verhaftet, es ist eine denkbare Schutzbehauptung, meinen Kopf zu retten. Ich erinnere mich nicht. Unsere Köpfe saßen damals ziemlich locker,* und ich hatte wenig Neigung, mich ohne erkennbaren Sinn umbringen zu lassen.

SCHWEIGEIS: Das könnten sich die sechzig Leute an der Brücke auch gedacht haben, nicht wahr?

RAMPF: Das haben sich viele Tausende denken müssen, die nicht wie Sie in England ihre Pfeife rauchen konnten, Herr Professor Schweigeis! Es ist eine Sache, im Jahre 1960 Gestapoakten zu durchstöbern, und es ist eine andere, die Gestapo im Juli 1944 im Genick zu haben!

SCHWEIGEIS: Und Freisler* zu bedienen, für dessen Volksgerichtshof diese Protokolle gebraucht wurden!

OBERSTAATSANWALT: Herr Professor Schweigeis!

RAMPF

zu Schweigeis: Ihre Methoden erinnern mich an eben diesen Herrn Freisler! Ihr Haß, Ihr Rachewille —

OBERSTAATSANWALT: Herr Rampf —

RAMPF: — machen mir klar, daß hier nicht die Schuld eines Menschen untersucht, sondern die Ehre eines Standes besudelt werden soll! *Er verläßt den Raum, gefolgt von seinem Anwalt.*

OBERSTAATSANWALT
zu Schweigeis: Da haben Sie es ja endlich geschafft! *

SCHWEIGEIS: Was?

OBERSTAATSANWALT: Aus diesem juristischen Hühnermist einen politischen Fall zu machen. Ich werde Ihnen den Gefallen nicht tun.

SCHWEIGEIS: Ich kann nicht sagen, daß ich viel Gefallen daran habe.

OBERSTAATSANWALT: Warum um alles in der Welt kommen Sie dann mit
diesem stupiden Protokoll angewackelt, das mit der ganzen Sache nichts
zu tun hat? Was wollen Sie damit erreichen, wenn nicht den politischen
Fall?

SCHWEIGEIS: Ich will erreichen, daß ein verdammter Nazi-General, der
sechzig Leute wegen seines Schäferhundes verheizen läßt, nicht mit zwei
Gefälligkeitserklärungen um seinen Prozeß kommt. *

OBERSTAATSANWALT: Aber Herr Schweigeis. Der Mann beweist den
Befehlsnotstand, und er beweist, daß er die Leute nicht ausgesucht hat.
Sie schaffen die Erklärungen doch nicht weg.

STAATSANWALT: Wenn ich sagen darf, es würde ihm juristisch völlig ge-
nügen, daß er sich im Verbotsirrtum* befunden hat. Die Entscheidungen
liegen vor.

OBERSTAATSANWALT: Außerdem. Wenn der erwiesene Befehlsnotstand
eine Anklage nicht aufhebt, dann haben wir in diesem Land morgen tausend Prozesse.

SCHWEIGEIS: Ich glaube, wenn wir diese tausend Prozesse vor zehn oder
fünfzehn Jahren gehabt hätten, dann fühlten wir uns besser. Und die
anderen auch.

OBERSTAATSANWALT: Sie werden als Historiker wissen, warum wir sie
nicht gehabt haben. Und wir können sie nicht nachholen. Das werden
Sie auch wissen.

SCHWEIGEIS: Ich bin nicht sicher. Die Verbrecher sind uns ja nicht unbekannt, und wir werden die Vergangenheit nicht los, wenn wir sie
weiterhin verstecken. Es ist eine Frage der Hygiene.

OBERSTAATSANWALT: Ich glaube, das ist ein bißchen Emigrantenphilosophie.* Schweigeis. Haben Sie den Eindruck, daß uns die Vergangenheit noch sehr belästigt?

SCHWEIGEIS: Dann sollten wir das ändern.

OBERSTAATSANWALT: Wie denn, Schweigeis?

SCHWEIGEIS: Indem wir im Falle des Generals die Anklage empfehlen.

OBERSTAATSANWALT: Aber mit welchem Material denn? Selbst wenn
wir annähmen, daß diese lausige Hundegeschichte hineingespielt hat,

oder was weiß ich, das ist juristisch nicht handhabbar. Es werden sich in jedem beliebigen militärischen Befehl persönliche Motive finden lassen, Verärgerungen, Antipathie, das ist die Unzulänglichkeit der menschlichen Natur. Unsere Empfehlung hat Folgen für andere Fälle. Das ist nicht zu verantworten.

SCHWEIGEIS: Sie würden die Unzulänglichkeit der menschlichen Natur auch für das Gestapoprotokoll gelten lassen?

OBERSTAATSANWALT: Ich kann das Protokoll in unserer Sache gar nicht zulassen, Schweigeis. Es hat nichts damit zu tun. Davon abgesehen, es hat hunderte von solchen Schutzbehauptungen gegeben. Rampf ist da in keiner schlechten Gesellschaft.

STAATSANWALT: Es kann auch niemand belangt werden, der Hoch- oder Landesverrat nach geltendem Recht* angezeigt hat, Herr Oberstaatsanwalt. Deswegen habe ich den ganzen 20. Juli-Komplex nicht verfolgt.

OBERSTAATSANWALT: Wie immer man menschlich dazu stehen mag, Schweigeis, Sie können einen Menschen für ein Schwein halten, weil er nach zwei Seiten laviert,* ich auch, man kann ihn deshalb nicht anklagen. Wo haben Sie das Ding überhaupt her?

SCHWEIGEIS: Von Schlievland. Sein Bruder wurde tags darauf verhaftet, das Protokoll vor dem Volksgerichtshof gegen ihn und Fahlzogen verwendet. Das war der Widerstand des General Rampf jenseits von dessen Memoiren.*

OBERSTAATSANWALT: Wenn Schlievland das meint, dann muß er bei der zuständigen Staatsanwaltschaft Klage begehren.* Wir haben in unserer Sache zu beschließen, und da hat sich ein zureichender Grund, die Anklage zu empfehlen, ganz eindeutig nicht ergeben. Oder?

STAATSANWALT: Das ist rein strafrechtlich keine Frage, glaube ich.

SCHWEIGEIS: Ich bin nicht Ihrer Ansicht.

OBERSTAATSANWALT: Dann müssen Sie Ihre abweichende Meinung in einem Minderheitsbeschluß niederlegen.

SCHWEIGEIS: Ja.

OBERSTAATSANWALT: Ich kann Sie menschlich sehr gut verstehen, Schweigeis, aber Befehlsnotstand ist Befehlsnotstand. Der Mann hat sich als militärischer Fachmann, jedenfalls juristisch —

SCHWEIGEIS: Wie ein fachmännischer Verbrecher verhalten! Man kann nicht ein Fachmann für Hitler oder Freisler sein, ohne an deren Verbrechen beteiligt zu sein! Und das betrifft nicht nur die Militärs.*

Er kriegt schwer Luft, holt sachlich einen kleinen Asthmazerstäuber hervor und atmet das zerstäubte Medikament ein.*

Pfeiffer tritt im Mantel ein, den Hut in der Hand.

STAATSANWALT: Was möchten Sie bitte?

PFEIFFER: Ich war vom Herrn Staatsanwalt gebeten, mich für heute nachmittag als Zeuge bereitzuhalten. Ich sollte gegenübergestellt werden. Ich
hab gewartet.

STAATSANWALT: Das hat sich erübrigt, Herr Pfeiffer, Sie werden nicht
mehr benötigt. Ich habe Sie vergessen, Entschuldigung.

PFEIFFER: Ich bin ja nun ziemlich weit hergekommen —

STAATSANWALT: Ich weiß. Sie können sich natürlich Ihr Zeugengeld
abholen, auch die Fahrtkosten, wenn die Kasse noch auf hat.

PFEIFFER: Ja. Das eilt ja nicht. — Danke schön.

STAATSANWALT: Keine Ursache, Herr Pfeiffer.
    Pfeiffer geht hinaus.

OBERSTAATSANWALT
    den Disput mit Schweigeis fortsetzend: Das sind utopische Gerechtigkeits-
wünsche, leider, aber Rechtsnorm ist Rechtsnorm. *

SCHWEIGEIS: Und Mord, Mord.

Notes

24 Justizministerkonferenz der Länder: In each of the various fields of administration in the Federal Republic of Germany there is a standing conference (*ständige Konferenz*) of the responsible ministers from each of the '*Länder*'. This makes for a unified policy, in all matters in which it is desirable, throughout the Federal Republic.

in etwa folgenden Prozessen: 'in any legal proceedings which might follow'.

muß nicht entsprochen werden: 'need not be acted upon'.

durchschnittlich: 'by no means unusual' (not 'average' here).

in den Nürnberger Prozessen: the war-crime trials were held by the Allies at Nuremberg in 1946. Several leading Nazis were condemned to death and others to long terms of imprisonment.

25 Das wollte ich anregen: 'I was hoping to bring that about'.

daß ich ernsthaft zu der Beschuldigung gehört werde: 'that I am being seriously interrogated concerning the accusation'.

gleicher als alle übrigen: 'more equal than all others'. (An ironical observation meaning that the law is applied more strictly to German generals than to other people.)

26 Es schmeckt: 'He's enjoying it'. (A reference to the soldier eating tinned beef.)

Wird die Ladung reichen? 'Is the charge strong enough?' (Referring to the demolition operation being undertaken by the soldier on the screen.)

Geschafft! 'It's worked!' 'He's done it!'

unter dem zurückgenommenen englischen Text: 'accompanying the English text, which has been turned down in volume'.

29 Wagnermusik: Played in a Russian newsreel depicting a German military disaster, Wagnerian music, so essentially Germanic and heroic, would have an ironical effect, especially as Wagner was Hitler's favourite composer.

30 die Festung Europa: Hitler's term for occupied Europe, which he boasted he had made into a fortress whose defences would never be breached.

Folge der Hitlerschen Korporalstrategie: A contemptuous reference by the German general to the fact that Hitler had achieved only the rank of corporal in World War I. The strategy in question, the determination for reasons of prestige to cling at all costs to conquered territory, rather than withdraw to secure positions and shorten the line (the result being that army after army was cut off and encircled by the advancing Russians, *cf.* Stalingrad), undoubtedly contributed greatly to the annihilation of the German armies on the Eastern Front.

friderizianische Strategie: Hitler's admirers compared him with Frederick the Great.

nach Stalingrad, Nordafrika: resounding defeats for the German armed forces.

einen belanglosen Frontbogen zu begradigen: 'to straighten out an insignificant bulge in the front line'.

Keitel: Keitel was commander-in-chief of the German armies on the Eastern Front at the time. He was a faithful devotee of Hitler and was condemned to death at the Nuremberg war-crime trials.

31 **die gingen . . . wenn auch nur drei Iwans mit dem Löffel klapperten:** 'it only needed three Russkies to rattle a teaspoon for them to bolt from their holes'. (*der Iwan* is the German soldiers' slang term for 'Russian'; *cf. der Ami,* 'American', *der Tommy,* 'Englishman'.)

eine eher feine Dramatik: to be read in conjunction with Rampf's reference to the 'dramatic arguments' which he said had taken place at H.Q. between Hitler and his army commanders. Schweigeis says that the minutes of these discussions indicate 'subtle play-acting' ('feine Dramatik') rather than genuine quarrels. This use of *eher* ('rather') qualifying an adjective without the other half of the comparison (*eher als . . .*) being specified is common in S. German.

Speichellecker: 'lick-spittles', 'flatterers'.

als Halder 1942 ausscheiden mußte: General Franz Halder, Chief of the German General Staff, 1938–42, was a bitter opponent of Hitler's foreign policy and Germany's involvement in war. Contemporary German historians have revealed on the evidence of the documents available to them that he was preparing a 'coup d'état' and the arrest of Hitler in 1938 when the Czechoslovakian crisis was at its height. The bloodless victory won by Hitler with the tame consent of the Western Democracies, Britain and France, took the ground from under his feet. He stayed in office until 1942, when his openly expressed differences of opinion with Hitler led to his dismissal from office. Unlike his predecessor, Generaloberst Ludwig Beck, whose policy of opposition he had secretly continued, he escaped implication in the bomb-plot against Hitler of 20th July, 1944. Beck, a leading conspirator, committed suicide when the plot failed.

daß Hitler ein guter Dolch ist für eine neue Dolchstoßlegende: 'that Hitler is a good dagger for a new legend of the "stab in the back"'. Nationalistic and military circles in Germany maintained that Germany had lost World War I because their armies, undefeated in the field, so they claimed, had been 'stabbed in the back' by the revolutionary government which had assumed control at home. Schweigeis is suggesting that the military are using Hitler as their scape-goat when they refuse to accept their share of the responsibility for the military catastrophe. The next sentence—"Als Universalschuldiger, etc."—makes his meaning quite plain.

Er eignet sich . . . zu halten: Rampf adopts in this outburst the plausible argument of those Germans who maintain that Germany cannot regain her national dignity so long as she continues to humiliate herself with self-accusations (which he exaggeratedly describes as 'masochism'). Germans who express such sentiments are usually, like Rampf, possessed of a guilty conscience.

32 **Standrechtsfälle:** 'cases of court-martial'.

jedwede Feierlichkeiten: 'celebrations of any kind'. (It was Rampf's birthday.)

das OKH: =*Oberkommando Heer*, 'Army High Command'.

ein wenig veranlagter Berufsoffizier: 'a regular officer, temperamentally not very suited to his vocation'. (*Cf. Veranlagung*, 'disposition'.)

auf das Wort 'Ehre' dressiert: 'trained to react to the word 'Ehre''.

33 **Mumpitz!:** 'Tommy-rot!'

die Magenkompanie: 'company of gastric sufferers'.

Wir hätten die Russen geistig gewinnen müssen: 'We ought to have won the Russians over by propaganda'. (One of the Nazi's psychological blunders, so many Germans argue, was to alienate the sympathies of the Anti-Bolschewiks in the Soviet Union, and especially in the Ukraine, by their harsh treatment of the civilian population.)

34 **meine Rekommandierung zu strategischen Aufgaben:** 'my transfer to strategic tasks'.

Das ist ein bißchen viel verlangt, wie?: 'That's asking rather a lot, isn't it?'

Ich war an einem Einsatz schuld: 'I was to blame for our being sent on an operation'.

35 **Machorka:** a kind of Russian tobacco.

Ich traf es nicht: 'I didn't hit it off'.

weil es dazu die Kameradschaft gibt: 'because one's own comrades are there to take care of that'.

einen hysterischen Krampfanfall: 'a spasm of hysteria'.

36 **aus seinem Brückenkopf raushaut:** 'strikes from his bridge-head'.

Lungenhaschee: literally 'fricassee of lungs'; translate here by 'mincemeat'.

Spritzen: slang term for 'armoured cars'.

Kadavern: 'corpses' (a reference to the bad state they were in).

verheizen: 'use as cannon-fodder' (literally 'as fuel').

Luke: slang here for 'trench'.

bei MG (Maschinengewehr)-**Beschuß:** 'under machine-gun fire'.

ein ausgesprochener Genußmensch: 'a person decidedly addicted to enjoyment'.

37 **als Ari reinhaute:** 'as the artillery was letting fly'. (**Ari:** German soldiers' term for artillery.)

als Feuerwehr bei der Division: 'as divisional reserve' (to be used in emergency in the same way as the fire-brigade is used in emergency). This whole speech of Czymek's is ironical in tone. He is teasing Pfeiffer with the suggestion that he is sacrificing the opportunity of becoming a hero for the comforts of the divisional base to which they are to be transferred.

die Gelegenheit zu einem ordentlichen Beischlaf zu peilen: 'to look out for someone worth-while to sleep with'.

sich Mut ansaufen: 'to drink in Dutch courage'.

um dir durch ein Kommißbrot in den Arm zu schießen: the purpose of shooting oneself in the arm through a loaf from the field bakery would be to make a self-inflicted wound appear more convincing.

es geht zurück: 'we are moving back'.

uns ... angeschissen hat: a vulgar expression for 'has treated us roughly'.

38 **Die sich den Hintern ... der Letzte sein:** the song suggests that the incompetent leaders, who are incapable of even the ordinary everyday acts which are second nature to the common soldier, profess to achieve the impossible, and that it is up to the common soldier to avoid being a pawn in their game.

ihr menschlich näher treten: 'become good friends with it', *i.e.* 'cultivate it'.

39 **Moltke:** Field-marshal and chief of the Prussian general staff in the Bismarckian era. He conducted the successful campaigns against Austria in 1866 and France in the Franco-Prussian War of 1870–71.

Schlieffen: German Chief of Staff who was responsible for the plan for the invasion of France, put into force in 1914, based on a march through Belgium.

Ludendorff: victor in the Battle of Tannenberg which put an end to the Russian invasion of East Prussia in 1914. He participated in Hitler's abortive Munich *Putsch* in 1923.

kleckern: normally 'to drop bits of food at table'. Translate here by 'driblets'.

Gefreitenstrategie: 'corporal strategy' (*der Gefreite*, 'corporal'). See note to page 30.

Nicht kleckern, sondern klotzen: 'What's required is not driblets, but hammer blows'.

vorkeilen: 'thrust a wedge'.

linken Haken: 'left hook'.

Schwenk nach Süden: 'turn south'.

Sieg Heil: 'Hail victory' (Nazi slogan).

mein Führer: Subservient form of address used towards Hitler by his subordinates, whom Rampf is contemptuously aping here.

Preußisch-Eylau: a town in East Prussia south of Königsberg, now part of the U.S.S.R. and renamed Bagrationovsk.

40 **Ich habe bestellen lassen, daß ... :** 'I left a message that ...'

unter Artillerie- und Pakbeschuß genommen werden kann: 'can be fired on by artillery and anti-tank guns' (*Pak=Panzerabwehrkanone*).

nicht ..., um sie zu verkleckern, sondern um zu klotzen: 'not ... to waste them in driblets, but to use them in concentrated masses'.

Bestellen Sie das: 'Pass the information on'.

aus Opportunitätsgründen: 'for reasons of opportunism'.

41 **differierende militärwissenschaftliche Ansichten:** 'strategic (*or* tactical) opinions opposed to its own'.

außer Kurs setzt: 'sets aside'.

Generaloberst Beck: a leading conspirator in the abortive bomb-plot against Hitler on 20th July, 1944. See note to p. 31 (Halder).

Beck–Goerdeler–Gruppe: Goerdeler, Mayor of Leipzig, was another prominent participant in the conspiracy. Both he and Beck were among thousands of officers who were executed, many without trial and many more after being brought before the notorious People's Court (Volksgerichtshof), for their part, real or suspected, in the bomb-plot.

Passus: 'passage, extract' (*cf.* Latin *passus,* 'step').

42 **Josephs:** slang for 'generals in the field'. (See the padre's explanation.)

auf den Zahn fühlen: 'to sound out, 'pump''.

Kommißchristus: 'army Christ'; *Kommiß* is slang for 'army' (*cf. Kommißbrot*).

den malenden Schäferhund: Hitler was in earlier life a house-painter, the nearest he got to realising his ambition to be an artist. Many feel that he had a grudge against society because his application to study at a College of Art in Munich had been rejected. The appellation "Schäferhund" (sheep-dog) was based on the notion that the German people followed him like a flock of sheep. In his book *Mein Kampf* Hitler himself had described the German people as "eine einzige große Hammelherde".

Partisanenbekämpfung: 'action against the partisans' (the term for Russian guerillas who carried on the fight behind the lines against the German invader).

Kommissarbefehl: a decree issued by the German High Command (*i.e.* in effect by Hitler himself) ordering that the Russian political Kommissars, who were with the troops in the field with the aim of stiffening their morale, should be shown no mercy when encountered. The decree from Hitler's headquarters (dated 6th June, 1941) stated:

"Im Kampf gegen den Bolschewismus ist mit einem Verhalten des Feindes nach den Grundsätzen der Menschlichkeit oder des Völkerrechts nicht zu rechnen. Insbesondere ist von den politischen Kommissaren aller Art als den eigentlichen Trägern des Widerstandes eine haßerfüllte, grausame und unmenschliche Behandlung unserer Gefangenen zu erwarten.

Die Truppe muß sich bewußt sein:

1. In diesem Kampf ist Schonung und völkerrechtliche Rücksichtnahme diesen Elementen gegenüber falsch.

2. Die Urheber barbarisch asiatischer Kampfmethoden sind die politischen Kommissare. Gegen diese muß daher sofort und ohne weiteres mit aller Schärfe vorgegangen werden. Sie sind daher, wenn im Kampf oder Widerstand ergriffen, grundsätzlich sofort mit der Waffe zu erledigen."

Partisanenbefehl: a decree that the most brutal methods were justified in encounters with the partisans.

Nacht- und Nebelerlaß: *cf.* the expression *bei Nacht und Nebel* 'under cover of darkness'. The decree in question stated that Jews in occupied territory were to be rounded up and removed only under cover of darkness.

SS-Dokumenten: SS=*Sturmschar*, a body of élite Nazi troops who were chosen for their ideological fanaticism.

Krematoriumsarbeit: work in the crematoriums, where the bodies of murdered civilians (it is now accepted that no less than 6,000,000 Jews from all the occupied territories of Europe were gassed and their bodies cremated) and prisoners of war were disposed of.

Der Schweinerei muß ein Ende gemacht werden: 'There must be an end of this beastliness'.

Er war formal . . . unterwegs: 'He was officially travelling around'.

um Erhebungen über Winterbekleidung zu machen: 'to carry out investigations regarding winter-clothing needs'.

43   **Divisionspfarrer in Ehren:** 'all due respect to the Divisional Chaplain'.

     SS-Pöbeleien: Translate by 'the mouthings of the SS'.

44   **Posten?** 'Guard-duty?'

     bei einer halben Witwe: the woman's husband was at the front.

     den ersten Tagesposten stehen: 'take the first day-time sentry-duty'.

45   **und endet mit Erschießung desselben im Fronteinsatz:** 'and ends up with shooting him in action at the front'. (This utterance could almost be construed as a threat on the part of the irrepressible Czymek. At all events the Adjutant lets him depart and turns his attention to the inoffensive Pfeiffer.)

     Note the chaotic word order in this sentence; the disregard for the normal position of the verb in subordinate clauses is typical of dialects exposed to Slav influence. See also below, note to p. 55.

46   **Karascho:** a Russian expression meaning 'very well!'

     Ikone: 'icon', a sacred portrait, usually of a saint of the Eastern Church.

     Nowgoroder Schule: of the Novgorod School of painters. (Novgorod, meaning 'new town', is 110 miles S.S.E. of Leningrad. It flourished as a great centre of commerce and art between the middle of the 9th and the end of the 15th century.)

     der imponieren will einer Sündenabwehrkanone: 'who is trying to impress an 'anti-sin gun'' (a term coined by analogy with *Fliegerabwehrkanone* or *Panzerabwehrkanone* for 'parson', in this case the Divisional Chaplain. Our term is 'sky pilot'.) For the peculiar word order, see above, note to p. 45.

     Subordination: he means, of course, the exact opposite 'insubordination'. As usual, he is being ironical.

     Fang mir nicht mit solchen Blödigkeiten an: 'Don't worry me with such stupidities'.

     Büstra, babuschka, büstra, mjasso: Russian for 'Quickly, old dear, quickly, meat.'

     Sol, iluk, tschesnok jest? 'Have we salt, onion, garlic?'

47   **Dill:** 'dill', a spicy herb popular on the Continent, especially for pickling gherkins.

     Job vrä matj: an unpleasant Russian vulgarism, expressing surprise and pleasure (at the availability of nutmeg in this instance). A pale translation would be: 'Well, I'm damned, mother!'

     scharf: 'keen, strict'.

NOTES

sinniert: =*nachgedacht*, 'meditated'.

bloß: to be read in conjunction with "deshalb" (not with "geschossen") to mean 'for that reason alone'. He refers to what followed during his sentry-duty.

48 das Leiden Christi: 'Christ suffering on the Cross'.

gepinkelt: 'weeweed'. Translate the whole expression by 'What's biting you?'

49 garstig: 'naughty'. The word normally means 'nasty'.

Tob dich draußen aus: 'Cool off outside!' (*Sich austoben* more commonly has the connotation: 'to let off steam' in the sense of 'to work off one's energy', *e.g. Die Kinder können sich im Garten austoben.* Here it is used in the sense of 'to dissipate one's anger'.)

wesentliche Kräfte: 'influential circles.'

ein Fichte-Wort: Johann Gottlieb Fichte (1762–1814) was a philosopher of the German Romantic School famed for his *Wissenschaftslehre* and his *Reden an die deutsche Nation*. The purpose of the latter work was the spiritual and political resuscitation of the German states after the defeat of Prussia and her allies by Napoleon at Jena and Auerstedt.

50 'Sich wappnend gegen eine See von Plagen durch Widerstand sie enden!' A quotation from the German translation of *Hamlet*, Act III, Scene i, the Shakespearean version being: ". . . to take arms against a sea of troubles/And by opposing, end them".

ein Nachfahre der preußischen Erhebungszeit: 'a descendant of the period of the Prussian rise to dominance'.

Generalität: a collective term for 'generals'.

Je schlechter . . . Entscheidungen: The idea expressed is similar to the old saying: "When the devil fell ill, the devil became a monk. When the devil got well again, devil a monk was he."

52 Ich habe den Herrn Hauptmann übersehen: Pfeiffer is not aware that the General has summoned him because of the incident involving the dog. He thinks Rampf is having him on the carpet because of his failure to salute the Adjutant earlier in the day.

HKL: *Hauptkampflinie*, 'front line'.

53 daß der Hund von Herrn General waren: It is usual for subordinates when addressing superiors by their titles to use the 2nd person polite plural verb, where we in English use the 3rd person singular, *e.g.* "Your lordship was . . ." Thus it would be normal to say *Herr General waren* . . . Poor Pfeiffer, however, almost falling over himself to be subservient, uses the polite plural when speaking of the General's dog.

Sie Miesmuschel! 'You clam!' (Pfeiffer lingers instead of dismissing immediately).

Das muß nun gerade mir wieder passiert sein: Literally: 'That had to happen to me again'. Translate by 'That's just my luck again'.

einem Kacker von General: a vulgarism best translated here by 'a swine of a general'.

54 für deine Frontzulage: 'in return for your supplementary front-line ration' (with which the office orderly was to be bribed).

so kaputt wie eine Talerhure: 'as worn out as a dollar-a-time whore'.
Bemerkungen zur Sache: 'Your comments on the affair?'

55 **Flatus im Hirn**: literally 'flatulence' (*or colloquially* 'wind on the brain').
The equivalent English expression would be 'water on the brain'.
mit sehr kleine Maschen: the tendency to use accusative for dative is
typical of various S.E. German dialects. *Cf.* also below "mit große
Maschen". Czymek's Upper Silesian dialect and possibly his Sudeten-
deutsch or Czechoslovakian German extraction (suggested by his
Czech name) accounts for his departures from the grammatical norm in
both declension and word order. *Cf.* also below: "weil er ein Netz hat
wollen" for *weil er ein Netz gewollt hat.*
in einen längeren Stabsaufenthalt: Czymek feels secure in the belief
that he has talked himself and Pfeiffer out of the proposed punishment
and is now looking forward to a nice long stay at the base.
Prosit: 'Good health!'

56 **Zurm Abort**: "Zurm" is a dialect form for *zum.*
"Achte beim Netz auf die Lücke . . . gefressen zu werden ": this song is
distinctly reminiscent of Brecht, as is shown by the following extracts
(the one from a song, the other from a poem), which typify the satirical
and moralising tendency of Brecht's songs and poems:

Die Moritat von Mackie Messer
(from *Die Dreigroschenoper*)
Und der Haifisch, der hat Zähne
Und die trägt er im Gesicht
Und Macheath, der hat ein Messer
Doch das Messer sieht man nicht.

Im Zeichen der Schildkröte
(a sign painted on walls by Scandinavian resistance
fighters during the Nazi occupation)
Im vierten Jahre aber entstieg der blutigen Flut
Ein kleines Tier, eine Schildkröte,
Und sie trug in dem winzigen Rachen
Einen zierlichen Ölzweig.

wegen deiner Scheißgeneralstöle: the vulgar prefix *Scheiß-* (from
Scheiße) is used in much the same way as English people use 'bloody'
or any similar opprobrious adjective.
dir die Fresse polieren: 'give you one in the gob' (literally 'polish your
mug').
blöder, als es bei Preußens vorgeschrieben ist: 'dafter than is prescribed
in the Prussian army'. (The suggestion is that Prussian soldiers are required not to think but to obey, and thus the more stupid they are, the
better.)
deinen sibirischen Untermenschen: Czymek is referring sarcastically to
the Nazi assertion that the Soviet races were sub-human.

57 **dreck mir nicht die Plane voll**: 'don't vomit all over the tarpaulin'.
fix und fertig ist: 'is finished' (in this case 'out to the wide').

58 Auf einen anständigen Heimatschuß hatte ich fest gerechnet: 'I had been counting on a really nice 'blighty' wound', *i.e.* a wound just serious enough to get him repatriated.
 Waldheinis: 'country cousins'.
59 Du wirst noch früh genug zu einem kalten Arsch kommen: 'You'll get a cold backside soon enough'. (When dead, he means.)
 Kapo: German soldiers' term for *Unteroffizier* ('N.C.O.').
60 Praktikabel: 'practicals', *i.e.* stage props or scenery which perform a genuine function, and are not merely pictorial.
61 SMG: *Schnellmaschinengewehr*, 'quick-fire machine-gun'.
 kassiert: 'knocked out'. (*Kassieren* means to 'cancel' or 'to annul'— hence the colloquial usage here—but is also used for *einkassieren*, 'to receive payment' and 'to dismiss'. *Cf.* the English word 'to cashier' in the military sense.)
 unter Werferschutz: 'under cover of mortar-fire'.
 Ich kann gegen einen Divisionsbefehl nicht anstinken: 'I can't protest against an order from Divisional H.Q.'
 Pfeifenkopf: nickname for Pfeiffer.
 Da kann ich mich hier ja gleich an die Wand stellen lassen: a comment on the slim prospect of survival from such an enterprise. Translate by: 'I might just as well be put up against a wall here (and be shot)'.
 Der Verein hört auf mein Kommando: 'I'm in charge of this outfit'. This slang use of *Verein* is quite common.
62 sind Sie . . . gesessen: Southern German usage. Standard North German usage requires *haben* as the auxiliary verb. in einen Wagen: a further example of Czymek's substitution of accusative for dative.
 Ratschbumm: 'whiz-bang' (*cf. ratsch*, an indication of a sudden rending sound, and *bumm*, an explosion). In his novel *Moskau*, the first of his trilogy dealing with the war on the Eastern Front, Theodor Plievier tells us that the German tank crews used the term to describe the shells fired by anti-aircraft guns used as anti-tank guns: "Von rechts und links der Brücke . . . feuerte Flak-Pak. 'Ratsch-Bum!' hieß es in den Panzern; so wurden die Granaten dieser im Erdkampf eingesetzten Flakkanonen wegen ihres rasanten fast gleichzeitigen Abschuß- und Einschlag-geräusches genannt."
 es . . . nicht genügt vorzuleben, sondern auch vorzusterben: 'it is not enough to live in exemplary fashion, one must also die in exemplary fashion'.
 Legen Sie die Ohren an: 'pay attention', 'prick up your ears' (normally *die Ohren spitzen*).
 mir auf den Kopf rotzen: literally 'blow your nose over my head', *i.e.* 'make a fool of me' (*cf. der Rotz*, 'snot'; *die Rotznase*, 'snotty nose').
 den starken Wilhelm mache: 'play the strong man', *i.e.* 'bully'.
 Ich bin schon mit ganz anderen Ganoven fertig geworden: 'I've settled the hash of far worse rascals than you'.
 Pflaumenaugust: Translate by 'downy-chinned young nincompoop'. (*Pflaum*—not to be confused with *Pflaume*, 'plum'—is a dialect form of *Flaum*, 'down', 'soft whiskers'.)

verreckt: slang term for 'died'. Translate by 'kicked the bucket'.

63 **Sibirjacken:** more correctly *Sibiriacken*, a coined colloquial term for *Sibirier*, 'Siberian'. *Cf. der Polacke*, 'Pole'.

auf einen Puff angesetzt: 'sent into action against a brothel'.

Lilimarleen: a sentimental song about a soldier's parting from his sweetheart which came out at the beginning of World War II in Germany and became popular also in England. Schindler is apparently sick and tired of hearing it. Hence his reference to that 'goddam whore' ("gottverdammte Nutte").

abprotzen: 'to let down his trousers'. Soldiers slang commonly used in both world wars. Formed by analogy with *die Kanone von der Protze abhängen*—'to unlimber a gun'. (*Cf.* also *die Protzenstellung*, 'a concealed position'.)

krepiert: 'is going to peg out'. (*Krepieren* is a slang term for 'to die'.)

oder blind: he means 'be blinded'.

Pensionsanspruch als Briefträger: Paschke is evidently a postman in private life and therefore entitled to a retirement pension.

64 **auf Tachoabstand:** observing a prescribed speed and keeping a prescribed distance between vehicles. (*Cf. der Tachometer*, 'speedometer'.)

aber ein ungeeigneter, mit heilen Knochen hinzukommen: 'but one not calculated to get us there in one piece' (literally 'with our bones intact').

wie abgesprochen: 'as arranged'.

losorgelten: 'roared forth' (*orgeln* suggests a deep organ tone; *cf. die Stalinorgel*, the German term for a Russian mortar).

trat das Gas durch: 'stepped on the gas'.

jedem gewünschten Kaliber: a more complete phrase would be "Geschützen jedes gewünschten Kalibers".

mit Karacho: 'at breakneck speed', from *carajo*, a Spanish word used as an expletive. The German expression originated as soldiers' slang in the 1914–18 war and was later adopted generally as a colloquialism.

65 **dem alten Herrn da oben:** *i.e.* God.

auf weiche Wolken: again the dialect tendency to use accusative for dative.

Bei der Verkalkung der Obrigkeit: 'in view of the mental deterioration of those in authority.' *Verkalkung* really means 'calcification' and is normally applied to the arteries. (*Cf. Arterienverkalkung*, 'arteriosclerosis', which frequently leads to loss of memory etc.)

Die Witze werden Ihnen vergehen: 'You won't feel like joking'.

Arrest: Czymek is referring to the punishment he evaded and the unfortunate consequences of the evasion.

alles . . . , was der Zauber übriggelassen hat: 'all those who have survived the fireworks'.

Sicht geht vor Deckung: 'A clear view of the target is more important than cover'.

66 **der junge Spritzer:** 'the young squirt'.

Ha m Se schon n´ Ritterkreuz? Berlin dialect ("Ha´m Se' =*Haben Sie*).

The sarcastic attitude to the 'Knight's Cross', a very high decoration, is enhanced by the dialect and the use of the indefinite article (contracted to '*n*) rather than '*the* Knight's Cross'. There was a tendency on the part of the German military authorities to hand out decorations *en masse* to soldiers on the Eastern Front to gloss over the military débâcles suffered by the German forces.

Postwurfsendung: 'mail delivered by projectile'.

Kaff: 'hole', 'dump'.

die Festung Europa: see note to p. 30.

um einen neuen Stützpunkt bereichern: 'enrich ... by a new strong point'. He means 'Let's set up the guns as ordered'.

67 **beharken:** 'rake with fire'. (*Cf. die Harke*, 'rake'.)

Heeresdienstvorschrift: (correct title is -*vorschriften*) 'Army Manual'.

Der hat uns auf dem Strich: 'He's got his sights fixed on us'.

leicht zu kassieren ist: 'can easily be wiped out'. (See note to p. 61.)

Faible: 'weakness', 'soft spot' (from the French).

68 **im Arsch:** (vulgar) 'done for'.

bei dessen Hervorrufung: 'in provoking it'. This whole speech of Czymek's: "Es ist nicht die Kunst eines Soldaten ... in ihrer unergründlichen Verblödung ('in its unfathomable stupidity')" is explained by the Public Prosecutor's question below: "Sie meinen, es war vergleichsweise normal, ... wenn ihm die gefährlich scheint?"

Walter Flex: a German writer (1887–1917), the keynote of whose work was the glorification of comradeship in war, heroism and the inculcation of an adventurous spirit into the younger generation. His best-known work was *Wanderer zwischen beiden Welten*.

eins: the colloquial use of *eins* for *einer* in the sense of 'a person' ('anyone') is much less common than *unsereins* for *unsereiner* ('people like us'), except in S.E. German-speaking regions.

wie wegkommen: *i.e. wie wir wegkommen könnten*.

69 **Hic Rhodus, hic salta:** A Latin rendering of a quotation from one of Aesop's fables, meaning 'Here is Rhodes, jump here'. The general connotation is: 'Now is your chance to show what you can do'.

Antigeneralsaffekt: 'a feeling of antagonism towards generals'.

mit den Mitteln der seriellen Musik: 'by means of serial music'. Serialism—the most common form of twelve-tone music—is a compositional technique developed over the last fifty years by Arnold Schönberg and his followers. Twelve-tone music differs from tonal composition in that it has no key signature and makes use of all twelve half-tones of the chromatic scale ; in a serial composition these twelve tones are arranged in a particular series or 'tone-row' which forms the basis of variations.

70 **bestrichen:** 'swept, raked with fire'. *Bestreichen* commonly means 'to spread (with)' (*e.g.* bread with butter), but is also used in military parlance.

Sie hielten mit Flammenwerfen zwischen die Musiker: 'They were directing flamethrowers at the bandsmen'.

71 **bis zu den Handwurzeln:** 'up to the wrists'.

hau ab: (colloquial) 'be off', 'clear out!'

Es hat sich ausgeschissen: (vulgar) 'It's all up with me'.

Mach keine Fisematenten: 'Don't make a fuss'. (An alternative spelling of this Latin derivative is *Fisimatenten*.)

Du hast mich drum bescheißen wollen: 'You were intending to cheat me of them'. (*Bescheißen* is a vulgarism for 'to cheat' (tr.).)

Pneumothorax: The term is usually applied to the air or gas in the pleural cavity arising from an injury to the lung or released into the cavity when the lung is artificially collapsed by surgery. Here it is used by extension to mean the pleural cavity itself.

72 **diese schnurrbärtige Laus:** he means Hitler, who sported a Charlie Chaplin type of moustache.

Und hoch das Bein!: he refers to the goose-step performed by German troops in ceremonial marching.

Die Juden sind unser Unglück!... Die Ukraine... und die Kolonien und den Kaukasus und eine neue Ordnung: All these are Nazi slogans or oft repeated expressions of Nazi ambitions (*e.g.* the demand for colonies or the annexation of the Caucasus for its oil) used ironically here by Czymek.

eiserne Ration: 'iron ration'. A term used for a small stock of food carried by soldiers, explorers, etc., to be used only in case of extreme emergency.

73 **ohne Bandagen:** 'without wrapping anything up'.

ohne Umschweife: 'without circumlocutions', 'bluntly'.

daß Sie sich der gegenseitigen Diskretion versicherten: 'that you assured each other you would respect each other's confidence'.

74 **im Rahmen der alten Reichsgrenzen:** 'on the basis of the old Imperial frontiers'—the boundaries of the pre-First World War German Reich before Germany was forced by the Treaty of Versailles to cede Alsace-Lorraine to France, Eupen and Malmedy to Belgium, Posen and parts of West Prussia to Poland and to relinquish her sovereignty over Danzig and Memel, which became 'free cities'. This was the conspirators' idea of 'an honourable peace' and shows how unrealistic their thinking was. The Allies would never have accepted such a reversion to the former boundaries under any circumstances, and certainly not as the price for a withdrawal of the German troops from the other territories occupied in World War II.

bei aller ideellen Sympathie: 'in spite of all my moral sympathy for your ideas'.

eine Frage des militärischen Befehlsvollzuges: 'a question of carrying out a military order'.

75 **befehlsgemäß verreckt:** 'perished in accordance with orders'.

Schnauze! 'Hold your jaw!'

76 **mit einem hysterischen Frontkoller:** 'with an attack of combat hysteria'.

Man kann es den Jungs nicht verdenken: 'One can't blame the lads for it'.

78 **an Eidesstatt:** 'in lieu of an oath', *i.e.* in an unsworn statement. The usual English equivalent for the whole phrase is 'to make a statutory declaration'.

beweist den Befehlsnotstand: 'proves that Rampf was acting under orders'.

mit einem Einsatz: 'by sending them into action'.

79 den Ausschlag gab: 'turned the scale', 'was decisive'.

ausgelutscht: 'worn out' (literally 'sucked dry').

81 Strafeinheit: 'punishment unit'—a unit made up of men who had been found guilty of some offence and were assigned to particularly arduous or dangerous tasks with the opportunity of thus 'rehabilitating themselves'. Hence below "die Möglichkeit einer Bewährung".

82 eine Frage zu Oberstleutnant Houth: 'a question concerning Lieutenant-Colonel Houth' (not to be confused with "an Oberstleutnant Houth" 'to Lieutenant-Colonel Houth').

, Walküre': the code name for the planned military coup against Hitler.

83 OKH: *Oberkommando Heer*, 'Army High Command'.

einen Anhalt: 'anything to remind you'.

einer in Nürnberg als verbrecherisch klassifizierten Organisation: He refers to the Gestapo. It is interesting to note that a similar classification of the German General Staff at the Nuremberg Trials had been rejected by Rampf at the beginning of the inquiry (see p. 24).

84 schwer belastete: 'seriously incriminated'.

Ic: 'Intelligence Officer'.

85 mir . . . entfernt vorstellen: 'even remotely imagine'.

die Meldung unterschlägt: =*unterschlagen würde*, 'would suppress'.

ein führertreues Ammenmärchen: 'a cock-and-bull story indicative of loyalty to the Führer (Hitler)'. (*Cf. die Amme*, 'nurse-maid'.)

Unsere Köpfe saßen damals ziemlich locker: 'Our necks were not very safe at that time'. Most high-ranking officers were under suspicion of complicity, actual or moral, in the plot against Hitler's life.

Freisler: the notorious Nazi Director of Prosecutions before the Peoples' Court (*das Volksgericht*) which condemned so many opponents of the Nazi regime to death. His outbursts and the ignominies which he heaped on the officers 'tried' for complicity in the 20th July bomb-plot were a disgrace to the name of justice.

86 Da haben Sie es ja endlich geschafft! 'Now you have finally done it!'

nicht mit zwei Gefälligkeitserklärungen um seinen Prozeß kommt: 'doesn't evade trial by means of two statements made merely to oblige him'. (Schweigeis refers to the statements made in Rampf's favour by Generaloberst Karrdorst—see p. 78—and Oberstleutnant Houth—see p. 79—respectively. Schweigeis had already cast doubt on the reliability of these documents submitted by Rampf's solicitor.)

im Verbotsirrtum: 'wrongly interpreting an order'.

Emigrantenphilosophie: 'the attitude of mind adopted by the emigrés', *i.e.* those Germans who, like Schweigeis, took refuge from the Hitler regime in foreign countries. Many Germans argued, as the Director of Prosecutions hints here, that it was easy for such people to condemn those of their compatriots who stayed behind and apparently acquiesced in the Hitler tyranny since they themselves had taken the 'coward's way out'. Thomas Mann is an outstanding example of a refugee German poet and thinker being subjected to such criticism, which is particularly despicable when it comes from former Nazi supporters and disturbing when it is repeated by people in high office such as the Director of Prosecutions, even though their own conscience may be clear.

87 **nach geltendem Recht:** 'in accordance with the existing law.'

nach zwei Seiten laviert: literally 'veers to two sides'. Translate by 'runs with the hare and hunts with the hounds'.

jenseits von dessen Memoiren: 'on the other side of his memoirs' (a different story from what he told about his supposed resistance to the Nazi regime in his memoirs).

Klage begehren: 'demand that a charge be brought'.

nicht nur die Militärs: The unspoken thought is "sondern auch die Juristen".

Er kriegt schwer Luft: 'He is breathing with difficulty'. (He suffered from asthma and should not have been subjected to emotional disturbance.)

88 **Rechtsnorm ist Rechtsnorm:** 'the law is the law'.

Vocabulary

F.=familiar ; V.=vulgar

abbinden, to ligature
abergläubisch, superstitious
abgedrosselt, with throttles closed
abgelagert, matured (by being left to stand)
abgelegen, remote
abknallen (F.) to shoot down
ablösen, to relieve
sich abmelden, to request leave to depart
der Abort, lavatory
abquetschen, to crush
abriegeln, to cut off, bar escape
die Absage, refusal
der Abscheu, disgust
abschlachten, to slaughter
der Abschnitt, section
sich absetzen, to disengage, withdraw
abstellen, to detail
abwechselnd, alternately
der Abwehrkampf, defensive engagement
der Abwehroffizier, security officer
abwinken, to indicate disagreement or disapproval
der Abwisch, doormat
die Akte, document
anfahren, to start off, get under way
anfauchen, to snap at
anführen, to quote
angestrengt, strained
angetrunken, tipsy
angewackelt kommen, to come waddling along

der Anhalt, indication, something to go by
der Anhänger, trailer
ankündigen, to make known, announce
anlassen, to start up
die Anpassungsfähigkeit, adaptability
anregen, to instigate
der Anschauungsunterricht, demonstration lesson
die Anspannung, tension
anspeien, to spit on
ansprechend, appealing, attractive
anstecken, to light
anstreben, to aim for, aspire to
antriebslos, without inspiration
die Anweisung, instruction
anzeigen, to notify (the police, etc.) of
der Apparat, telephone
der Arrest, detention
der Arsch (V.), backside
der Artillerieeinschlag, artillery burst
der Asiate, Asian
die Auffangstellung, second line, reserve position
aufgebahrt, laid on a bier, lying in state
aufgeschossen, lanky
viel Aufhebens machen, to make a fuss
die Aufklärung, reconnaissance
aufnehmen, to record
aufschichten, to pile up

aufsitzen, to climb on board
auftauchen (*F.*), to turn up, appear
auftischen, to serve up
der Auftrag, order, assignment
die Aufzeichnung, record
der Aufzug, get-up
die Ausdauer, tenacity, perseverance
die Auseinandersetzung, dispute, argument
ausgebaut, prepared (*of position*)
der Ausgehanzug, walking-out dress
ausgereift, mature
ausgerüstet, equipped
ausgeschlossen, out of the question
aussagen, to give evidence
ausschachten, to dig out, excavate
ausscheiden, to withdraw, resign
der Ausschlag : den A. geben, to be decisive
aussichtslos, hopeless, doomed to failure

die Bagatelle, trifle
der Bandapparat, tape recorder
basteln, to fix up, put together
der Batzen (*F.*), scrap, small piece (*a small coin formerly in currency*)
der Bauchladen, sales tray
beanstanden, to find fault with, object to
der Beauftragte, emissary
das Becken, pelvis
bedingt, to a limited extent
bedrücken, to depress
beerdigen, to bury
der Befehlsnotstand, emergency order
die Befehlsverweigerung, refusal to obey orders
der Befehlsvollzug, carrying out of an order

die Befestigung, entrenchment
das Behagen, enjoyment, relish
beiläufig, casual ; incidental
der Beischlaf, cohabitation
sich bekreuzigen, to cross oneself
belangen, to prosecute
belasten, to incriminate
beliebig, any . . . you like (to mention)
benetzen, to wet
die Beratung, advising
die Bereitschaftsstellung, stand-to position
berücksichtigen, to take into consideration
der Berufsstand, profession
die Besatzung, team, crew
beschlafen, to sleep with
die Beseitigung, removal
sich besinnen, to stop to think
die Besinnung, contemplation, reflection; consciousness
bestehen, to stand the test
bestreiten, to contest
besudeln, to besmirch
die Bewährung : die Möglichkeit einer B., the opportunity to prove themselves
der Bindfaden, string
die Birke, birch tree
bislang, so far
blöken, to low, bleat
blutbefleckt, bloodstained
der Bogen, bulge
die Böschung, embankment
die Brandmauer, fire wall
der Brotbeutel, haversack
die Brückenauffahrt, bridge approach
der Buchhalter, accountant
das Bukett, bouquet
der Bürgerkrieg, civil war

dämlich (*F.*), stupid
darlegen, to explain, set forth
die Darstellung, statement of the facts
die Denkschrift, memorandum
deprimierend, depressing

dichtgedrängt, closely packed
die Diele, floorboard
vom Dienst, on duty
der Divisionsgefechtsstand, divisional command post
der Divisionsstab, divisional H.Q.
die Doublette, double wound
der Drehkranz, turn-table
dressieren, to train (animals)
dringlich, urgent
das Dudeln, droning
durchgeben, to pass on (the message)
durchstöbern, to thumb through
der Durchstoß, break through

die Ehrenpflicht, point of honour; bounden duty
ehrenrührig, defamatory
die Eignung, aptitude
einbuchten, to lock up, put in 'clink'
die Eingabe, suggestion, submission
eingekesselt, encircled
die Einheit, unit
der Einsatz, military action
sich einschalten, to intervene
einschätzen, to estimate
Einspruch erheben, to protest
entgegen, contrary to
entgegnen, to reply
die Entlausungsanstalt, delousing station
entsagen, to resign, renounce
die Entwaffnung, disarmament
die Entzündung, inflammation
erbringen, to produce, provide evidence of
die Ergänzung, further commentary
die Erhebungen (plur.), investigations
die Erkennungsmarke, identity disc
erlassen, to issue (decree or order)
das Ermessen, discretion
die Ermittlungen (pl.), findings
erörtern, to discuss

sich erübrigen, to prove unnecessary
eruieren, to investigate, find out
die Erwägung, consideration
der Etappengammel (F.), base wallah
das Etui, case
eulenhaft, owl-like
das Explosivgeschoß, explosive shell

fachmännisch, expert, specialist
der Fachwissenschaftler, expert (in a particular field)
das Fagott, bassoon
der Fahnenjunker, ensign
das Feldbett, camp bed
die Feldgendarmerie, military police
die Feldtruppe, front-line forces
das Fernschreiben, telex message
fest: fester Platz, stronghold; feste Stellung, fortified position
das Festfeuerwerk, gala firework display
der Feuerüberfall, sudden concentration of fire
das Feuerzeug, cigarette lighter
fiepen, to whine
das Filetstück, filet steak
die Filzlaus, crab-louse
die Fischbratküche, fish restaurant
die Floskel, figure of speech
die Flußböschung, embankment
der Foeter, odour
die Formfrage, formal question
die Freiübungen (plur.), physical jerks
die Frontzulage, supplementary allowance for front-line service
furzen (V.), to fart
der Fußlappen, foot wrapping
der Fußtrittfänger, step

der Galgen, gallows
gallertartig, jellified, congealed
der Ganove, rascal
die Gattung, species

zu Gebote stehen, to be at s.o.'s disposal, command

gedrosselt, with throttles closed

der Gefrierfleischorden, decoration for frost-bite

gegenstandslos, irrelevant

das Gegröle, bawling, yelling

die Gehorsamsverletzung, insubordination

geistesgestört, mentally deranged

der Geländegewinn, territorial gains

gelehrig, intelligent

der Gelehrte, scholar

der Generaloberst, colonel-general (rank between general and field-marshal)

im Genick haben, to have (s.o.) breathing down one's neck

das Gerüst, frame, carcass

das Gesabber (F.), slaver, chatter

das Gesamtgeschehen, overall pattern of events

das Gesäß, seat, buttocks

der Gesichtskreis, horizon, view

gespickt, spiced

gespreizt, wide apart

das Gestänge, articulated rod

der Gesundheitsappell, medical parade

getarnt, camouflaged

der Gewährsmann, informant

des Glaubens, believing

greifbar, available

der Greuel, atrocity

das Grölen, bawling

grübeln, to brood, ponder

der Gruppenführer, section leader

die Gurgel, throat

gutartig, good-natured

der Habitus, appearance

das Hackfleisch, mincemeat

der Halbschuh, ordinary shoe

halbwüchsig, adolescent

die Haltung, attitude; posture; H. annehmen, to stand straight

die Hammelkeule, leg of mutton

handhabbar, operative, applicable

hauen: kurz und klein h., to blow to smithereens

das Hauptverpflegungsamt, chief catering unit

für Haus und Herd, lit. 'for hearth and home'; approx. for king and country

die Heeresgruppe, army group

die Heeresinspektion, army inspectorate

die Heilsarmee, Salvation Army

der Hellseher, clairvoyant

herrichten, to prepare

herüberwehen, to be wafted across

herumstochern, to poke around

herumstreunend, stray

herunterpurzeln, to tumble down

hineinspielen, to play a part

hinken, to limp

sich hinreißen lassen, to get carried away

hinrichten, to execute

hin sein, to be done for, worn out

der Hoden, testicle

der Hohlweg, sunken path

das Honorar, honorarium, fee

der Horchposten, listening post

der Hühnermist, (lit. chicken droppings), mess

die Hundelerge (F.), cur

der Hustenreiz, irritation, urge to cough

der Igel, hedgehog

die Industrieanlage, industrial plant

inhibieren, to forbid, quash

der Inspizient, stage manager

der Jauchewagen, latrine cart

jaulen, to howl

juristisch, legal

der Kadaver, carcass, corpse

das Kaff (F.), hole, dump (place)

die **Kampfhandlung**, action, engagement
der **Kampfwert**, fighting efficiency
der **Kantinenbulle** (*F.*), chief kitchen orderly
die **Kapern** (*plur.*), capers
der **Karpfen**, carp
die **Kartoffelluke**, potato hatch
die **Kaserne**, barracks
der **Kehrricht**, sweepings
die **Kehrtwendung**, about-turn
das **Kennzeichen**, identification
der **Kessel**, pocket (encirclement)
die **Klamotten** (*F.*), possessions, bits and pieces
kleidsam, becoming
klemmen, to wedge, squeeze
der **Knüppeldamm**, corduroy road, log road
knurren, to growl
die **Knute**, knout; tyranny
das **Kochgeschirr**, mess-tin
das **Kolloquium**, discussion between experts
der **Kopfschützer**, balaclava helmet
das **Koppel**, belt
der **Köter** (*F.*), dog, cur
das **Kraftwerk**, power station
kramen, to dig, rummage
das **Krätzemittel**, remedy for itch
der **Krempel** (*F.*), stuff, things (possessions)
das **Kriegerdenkmal**, war memorial
der **Kriegsberichterstatter**, war correspondent
das **Kriegsgerät**, war material
der **Kriegsgerichtsrat**, judge advocate
der **Kriegsschultheoretiker**, academic military theorist
krisenhaft, critical ; of panic
die **Krücke**, crutch

laborieren an, to be afflicted with
die **Ladung**, charge
die **Lafette**, gun-carriage
lagebedingt, due to the situation

der **Landser**, private, infantryman
von langer Hand, well in advance
die **Larve**, larva, grub; mask
der **Lauf**, barrel (of gun)
läusefrei, free from lice
die **Leberentzündung**, inflammation of the liver
die **Leiche**, corpse
die **Leihbuchhandlung**, lending library
die **Leinwand**, screen
die **Leitstelle**, headquarters
das **Lindenholz**, lime-wood
linkisch, clumsy, awkward
listig, sly, cunning
die **Lochscheibe**, perforated disc
die **Lötlampe**, soldering torch, blowlamp
der **Luftschutzkeller**, (cellar used as) air-raid shelter

das **Magengeschwür**, gastric ulcer
der **Mandant**, client
das **Maschinengewehr**, machine gun
massig, bulky
der **Maulkorb**, muzzle
der **Meerrettich**, horseradish
die **M.G.-Garbe**, burst of machine-gun fire
milchig, baby-faced, callow
der **Minderheitsbeschluß**, minority decision
mißglücken, to fail
mißlich, unpleasant
der **Morast**, bog, mire
die **Mulde**, hollow
der **Musikzug**, military band
die **Muskatnuß**, nutmeg

nachblättern, to thumb through the pages looking for something
der **Nachfahre**, descendant
nachholen, to rectify (an omission)
die **Nachhut**, rearguard
nachrücken, to retreat

die Nahkampfausrüstung, close combat equipment
niedergeschlagen, dejected
die Niere, kidney

der Obergefreite, corporal
das Oberkommando, supreme command
der Oberschenkel, thigh
der Oberstaatsanwalt, Director of Prosecutions
der Oberstleutnant, lieutenant colonel
die Obrigkeit, authorities, powers that be
die Opportunität, opportunities
der Orden, medal
die Ordonnanz, orderly

die Pak, anti-tank gun (fire)
der Palisadenzaun, stockade
der Panzer, tank
die Panzerfaust, bazooka
der Panzergraben, anti-tank ditch
die Panzergrenadiere (pl.), armoured infantry
die Panzerkolonne, armoured column
die Panzerplatte, armour plating
die Patrone, cartridge
peilen, to take bearings
die Phlegmone, phlegmon, inflammation of the connective tissue
der Pionier, sapper
das Podest, dais, platform
der Präzedenzfall, test case
preschen, to dash, rush
die Projektionswand, screen
das Protokoll, minutes
der Protokollant, recording clerk
der Puff (F.), brothel
der Putsch, insurrection, revolt
das Putzzeug, cleaning material

quasi, as it were
der Quatsch, nonsense
quatschen, to talk rubbish

der Rabatz (F.), row, hullabaloo

der Rachewille, desire for revenge
das Raketengeschoß, rocket projectile
die Rampe, front of the stage
der Rapport: sich zum R. melden lassen, to have oneself announced
der Rassehund, thoroughbred dog
sich räuspern, to clear one's throat
das Rebhuhn, partridge
der Rechts- und Ordnungsstaat, constitutional and legal state
redigieren, to edit
referieren, to report
regenzerweicht, soggy with the rain
regungslos, immobile
das Reibeisen, grater
reinlegen (F.), to catch out, trick
der Rekordeinsatz, record sortie
die Requisiten (pl.), props
das Ressentiment, feeling of resentment
robben, to crawl on one's stomach
rudelweise, in herds, in swarms
ruhmreich, glorious
das Rumoren, rumbling
der Rußlandfeldzug, Russian campaign
die Rüstungsmetropole, armaments centre

salopp, sloppy, slangy
das Salvengeschütz, salvo gun, multiple rocket gun
die Sardelle, anchovy
saufen (F.), to drink
die Schädeldecke, scalp
der Schaltkasten, switch box
das Schanzzeug, trenching tools
die Schaubude, fair-ground booth
der Scheinwerfer, spotlight
das Schellern, whine
die Schikane, petty annoyance
das Schilf, reeds
der Schlachtflieger, close-support aircraft (esp. fighter-bomber)

schlammig, muddy
das Schlammloch, mud hole
die Schnauze, snout; (*F.*) mouth
schnüffelnd, snooping
der Schnürboden, grid
die Schräge, sloping platform
die Schutzbehauptung, protective statement
schwachsinnig, moronic
die Segeltuchtasche, canvas bag
das Seitengewehr, side-arm, bayonet
der Selbstmordkandidat, suicide candidate
die Selbstverstümmelung, self-inflicted wounds
die Seuche, epidemic, infectious disease
der Simulant, malingerer
die Sohle, floor, bottom (of ditch, etc.)
das Soldbuch, pay-book
die Sonderzuteilung, special issue
der Speichel, spittle
sperren, to cancel, stop
das Sperrfeuer, barrage
die Spielfläche, acting area
das Sprenggeschoß, explosive bullet
der Staatsanwalt: Erster S., Public Prosecutor
die Staatsanwaltschaft, State Prosecuting Authority
der Staatsstreich, coup d'état
der Stab, H.Q.
stachelig, prickly
die Stadtkommandantur, military governor's office
die Stalinorgel, Russian mortar
der Stammtisch, regulars' table (in pub or restaurant)
das Standrecht, martial law
die Stellung, position; zu etwas S. nehmen, to express an opinion regarding something
die Stellungnahme, opinion, attitude
stemmen (*V.*), to copulate, have sexual intercourse with

die Steppdecke, quilt
die Stiefelwichse, boot polish
stillegen, to freeze, fix; to put out of action
die Stilisierung, formulation, form of expression
stimmungsvoll, evocative
die Stopfnadel, darning needle
der Stoßtrupp, assault detachment
stoßweise, in spurts
strafrechtlich, in criminal law
strammstehen, to stand to attention
die Strapaze, hardship
der Straßenzug, row, line of streets
stumpfsinnig, dull, insipid
der Sturmangriff, assault
das Sturmgeschütz, (mobile) assault gun
das Sumpfgewächs, marsh plant
der Sumpfgürtel, stretch of swamp
synchron laufen, to be synchronised (with)

tailliert, waisted
das Tarnnetz, camouflage net
tiefgegliedert, with many lines, multi-tier
tiefgestaffelt, staggered in depth
der Tiefschlag, blow below the belt
der Tiefstrahler, spotlight
die Töle (*F.*), dog
tollkühn, foolhardy
die Tonanlage, sound effects installation
das Tonband, tape
die Totenwache, guard of honour (for dead man)
der Traggurt, shoulder sling
die Trümmer (*pl.*), debris, ruins
das Truppenkommando, regimental command
die Tunke, sauce, gravy
tunlich, advisable

der Übereifer, excessive zeal

überflüssig, superfluous
der Übergriff, excess
das Überleben, survival
überlegen, superior
die Übermittlung, communication
überschreiten, to exceed
umflügeln, to encircle
umgehen, to circumvent
umgürten, to encircle, gird (with)
umkippen, to overturn
umlegen (*F.*), to kill
umsteigen! (*F.*), get a move on!
unangebracht, undesirable
unbekömmlich, indigestible
unbescholten, of unblemished character
unentbehrlich, indispensable
unfaßbar, incomprehensible
ungeahndet, unpunished
unsterblich, immortal
die Unterlagen (*pl.*), relevant documents
untersetzt, thick-set
die Untersuchungskommission, court of inquiry
unumgänglich, unavoidable
unvermutet, unsuspected
unverwüstlich, indestructible
unverzüglich, without delay
die Unzulänglichkeit, inadequacy

die Verantwortlichkeit, responsibility
verarbeiten, to process
die Verärgerung, annoyance
der Verband, formation (of aircraft); unit, detachment
verbindlich, binding
verblödet, idiotic
die Verblüffung, consternation
verbündet, allied
verdreckt, filthy
die Verdrießlichkeit, annoyance, unpleasantness
die Verfassung, frame of mind
verfressen (*F.*), greedy
verfügbar, available

verfügen über, to have available
vergrämt, care-worn
der Verhandlungstisch, negotiating table
die Verhunzung, demoralisation
verklärt, ecstatic
verkniffen, tight-lipped
verlegen, to transfer
vermitteln, to arrange
vermutlich, presumably
die Vernachlässigung, neglect
vernehmen, to interrogate
die Vernichtungsschlacht, battle of annihilation
die Verordnung, decree
die Verpflegung, board; food, provisions
verprügeln, to thrash
verrecken (*F.*), to die
die Versäumnis, neglect, omission
verschärfter Arrest, particularly severe form of detention
der Verschwörer, conspirator
verständnislos, blank, uncomprehending
verstört, distracted
vertragen, to stand, take
der Vertrauensmann, confidant
vertuschen, to conceal, say nothing about
die Verwesung, decomposition, decay
verwickelt, involved
der Verzehr, consumption
verzeichnen, to record
verzichten (auf), to dispense with
der Volltrottel, complete idiot
voraussetzen, to presuppose
vorgezogen, advanced, forward
der Vormarsch, advance
die Vorermittlung, preliminary investigation
das Vorkommnis, occurrence
die Vorlage, submission
vorschriftsmäßig, as prescribed, according to orders
vortäuschen, to simulate

das **Wachvergehen**, neglect of sentry duty
die **Waffengattung**, class of armament
der **Waffenoffizier**, ordnance officer
die **Waffenpflege**, gun maintenance
die **Wagenplane**, tarpaulin
die **Wasserlache**, puddle
die **Wehrmacht**, Armed Forces
der **Weihnachtsmann**, Father Christmas
die **Werferabteilung**, mortar battalion
wesensverschieden, totally different
wesentlich, substantial, of importance
widerlegen, to refute
die **Widerstandsgruppe**, resistance group
die **Wiederherstellung**, restoration
die **Witterung**, scent
die **Wochenschau**, newsreel
der **Wolfsrachen**, wolf's mouth
die **Wohnkultur**, civilised living conditions
wortkarg, taciturn
der **Wortlaut**, wording
wundgekratzt, scratched till sore
der **Würgegriff**, stranglehold
der **Wurstkessel**, cauldron

die **Zangenoperation**, pincer movement
der **Zeitvertreib**, pastime

zeitweilig, temporary
die **Zeltplane**, tent canvas, groundsheet
zerbeult, creased
zerfetzt, lacerated
zerhacken, to hack to pieces
zerren, to tug
zersetzend, defeatist, seditious
die **Zersetzung**, demoralisation
der **Zerstäuber**, spray
das **Zeugnis**, testimonial; testimony
im **Zuge**, in the course (of)
zulässig, permissible
zumessen, to attribute
zurechtmachen, to prepare, put in order
zusammenballen, to concentrate
der **Zusammenbruch**, collapse
zusammenflicken, to patch up
zusammengesunken, slumped
zusammenhängend, coherent
zusammenschreien, to bawl at
die **Zusammensetzung**, composition
die **Zusammenstellung**, digest, summary
zustandekommen, to come into existence
zuständig, competent, responsible
zutreffend, significantly; correctly
zuversichtlich, confident
zuweisen, to allot
zuwider, repugnant
zwängen, to force (into)